교과서를 배회하는
**마르크스의 유령들**

# 교과서를 배회하는
# 마르크스의 유령들

보수아이콘 세 지성의 '역사 전쟁' 긴급 발언

글 **김철홍**(장신대 교수)
   **전희경**(자유경제원 사무총장)
   **김 진**(중앙일보 논설위원)

- 원고 게재 순

기파랑

**책을 엮으면서**

"하나의 유령이 유럽을 배회하고 있다. 공산주의라는 유령이" A spectre is haunting Europe – The spectre of communism.

마르크스와 엥겔스의 「공산당 선언」(1848년) 첫 구절입니다. 공산주의는 유럽의 지배자들에게 공포를 불러일으키는 유령이고, 이는 곧 우리 옆에 도래해 현실이 될 것이라는, 일종의 메시아주의적 반어법입니다.

자크 데리다는 이 제목을 패러디해 『마르크스의 유령』(1994)이라는 책을 썼습니다. 그는 프랑스어 '유령' Revenant 의 원래 뜻이 '되돌아오는 자'라는 데 착안하여 비록 소련 등 공산권이 몰락했지만 마르크시즘은 어딘가에서 불러내는 목소리만 있으면 끊임없이 되돌아온다고 했습니다. 그리고 그 '불러내는 목소리'는 자본주의적 억압과 착취와 차별에 저항하는 해방운동이라고 했습니다.

우리 사회에서 생뚱맞게 '금수저'론이니, 착취당하는 회

사원들이니, 성 소수자에 대한 차별이니 하는 것들이 실제 이상으로 과장되게 이슈화 되는 이유가 여기에 있는가 봅니다.

  단순히 교과서만의 문제는 아닙니다. 1980년대 이후 1천 만 이상 혹은 그에 버금가는 관객을 동원한 영화들 중 「국제시장」, 「연평해전」 등을 빼고는 다 좌파 영화입니다. 교묘하게 반미, 반일, 반 기업, 반 자본주의, 반 대한민국을 부추기는 영화들입니다. 미술, 만화, 대중문화 등 모든 문화 분야에서 좌파가 헤게모니를 잡고 있습니다. 어려운 정치 이론이 아니라 소프트한 문화를 통해 대중들에게 사회주의 이념을 스며들게 하는 것이 가장 효과적인 혁명의 방법이라고 말한 것은 이탈리아의 공산주의자 그람시입니다. 그람시의 이론대로 그들은 중고등학교, 대학교 등 교육기관은 물론이고, 학계, 언론계, 사법부, 국회 등 우리 사회 곳곳에

효과적이고 강력한 진지를 구축해 놓았습니다.

  교과서 문제가 불거지자 그들은 제법 중립적인 척, 온당한 척 양비론兩非論의 가면을 쓰고 "왜 해묵은 이념 논쟁을 벌이느냐?"고 말합니다. 그러나 우리나라에서 근현대사 역사 해석의 문제는 단순히 한가한 이념 논쟁이 아닙니다. 그것은 역사학계 내부의 학자들 간의 논쟁으로만 남겨 둘 수도 없는 중차대한 문제입니다. 왜냐하면 우리나라는 이념문제 때문에 전쟁을 한 나라이고, 그 적대 세력과 아직도 마주보고 있는 나라이기 때문입니다. 대한민국을 건국한 사람들은 우리나라의 정치제도로 자유민주주의를 선택하였고, 경제제도로 자유시장경제를 선택하였습니다. 그리고 67년 만에 두 체제의 정당성은 국민들의 삶의 질에서 결판났습니다. 그런데 이 엄연한 현실을 무리하게 비틀어 해석하려는 시대착오적 세력이 우리 사회를 소모적 갈등의 장으로 몰아

넣으며 국가 발전의 발목을 잡고 있습니다.

지난 10월 서울 종로구 인사동에서 열린 「역사 교과서 국정화 반대 청소년 2차 거리행동」에 참가한 한 여고생은 "사회구조와 모순을 바꿀 수 있는 건 오직 프롤레타리아 레볼루션(혁명) 뿐이다"라고, 그야말로 철 지난 구닥다리 이념의 구호를 앵무새처럼 외웠습니다. 사회당 정권인 프랑스의 대통령이니 총리조차 틈만 나면 기업에 대한 친화감을 표명하는 세상입니다. 이 어린 여학생에게 누가 이런 해묵은 개념을 불어 넣어 주었나요? 교과서 국정화를 반대한다는 이 여학생의 발언이야말로 교과서 국정화의 정당성을 입증하는 아이러니한 반증이 아닐 수 없습니다.

새롭게 우파 지성의 아이콘으로 떠오른 장신대長神大 김홍철 교수, 자유경제원의 전희경 사무총장, 중앙일보의 김진 논설위원 세 분의 교과서 관련 발언을 한 데 묶었습니다. 놀라운 속보速報성에서 이것은 책이라기보다는 차라리 일간신문과 같은, 아니 팸플릿과 같은 성격입니다. 흔히 열정만이 앞서고 이론이 조금 부족한 우파 진영의 취약성을 정교한 이론, 소장少壯의 나이, 스타적 매력으로 메워 주고 있는 보석 같은 세 분입니다.

이 책이 한국의 밝은 앞날을 비춰 줄, 작지만 거대한 신호탄이 되기를 기대합니다.

2015년 11월 20일

안병훈 安秉勳

# 차례

## 제1부

**김철홍** (金喆弘) 장로회신학대학 교수

### 첫 번째 글

#### 신앙인, 학자, 국민으로서 내가 역사 교과서 국정화에 찬성하는 이유는 무엇인가?

나는 과연 신앙도, 양심의 자유도 없는 교수인가? / 17
성명서 한 장이 만병통치약으로 둔갑 / 18
사견(私見)이 교단 전체의 입장인가? / 21
충격적인 검인정 교과서들의 기술(記述) / 23
대학 시절 나는 마르크시스트였다 / 25
여봐란 듯이 행해지는 의식화 교육 / 27
검인정 교과서 전체의 '틀'이 문제 / 31
역사 해석은 미완(未完)의 전쟁이다! / 34
좌파 역사학도들의 교조적인 얼굴 / 36
개혁의 주체가 아닌 개혁의 대상 / 40

### 두 번째 글

#### 「사상적 전향의 그늘」이라고? 한국 근현대사 역사학에 대한 나의 입장

심리 분석에만 열중한 '구원 투수' / 43
순진무구한 무지(無知)의 폭로 / 47

공산주의 이론을 근거로 한 검인정 교과서들 / 51
북한의 수준을 넘어선 남한의 좌파 이론 / 53
국정화 반대의 비밀스러운 이유 / 55
된장인지 똥인지 직접 한번 먹어보시라! / 57
3류 심리학과 '통일의 꽃'이 드러낸 민낯 / 60
대한민국을 뒤덮은 전체주의의 망령 / 62

## 세 번째 글

### "2015년을 살아 달라"는 박영 학생의 부탁과 2015년의 한국문화 분석

학생들의 지적(知的) 미성숙 / 66
다양성의 신화(神話) / 68
복음과 신앙 고백의 기준이 된 '통일성' / 71
비관론의 신화 / 75
살아서 걸어다니는 증거, '통진 소녀' / 79
2015년을 읽지 못하는 문화적 문맹(文盲)? / 83
대학가에 등장한 반제(反帝) 문서 / 85
급작스럽게 '좌회전' 해버린 한국 영화계 / 87
미국을 악의 근원으로 그린 영화 「괴물」 / 90
반미(反美)의 상징 마니아인 박원순 서울시장 / 93
"나는 역사 교과서 전쟁에서 물러서지 않겠다!" / 96

부록 1_ 장신대 역사신학 교수들의 성명서 / 99
부록 2_ 「사상적 전향의 그늘」_차정식 / 102

**차 례**

# 제2부

**전희경** (全希卿) 자유경제원 사무총장

## 첫 번째 글

### 역사 교과서, 대한민국 헌법 가치에 충실해야 한다

역사 교과서의 의미 / 109
건국일이 없는 이상한 교과서 / 111
북한을 대변하는 교과서 / 112
새로운 역사 교과서의 방향 / 114

## 두 번째 글

### 대한민국 헌법 가치 담아야 한다 / 116

## 세 번째 글

### 교과서, 어떻게 편향되어 있나 -배울수록 비뚤어지는 아이들

역사 교과서 국정화 반대의 속내 / 120
헌법정신에 부합하지 않는 기술(記述) 태도 / 122
개인의 자유를 실종시킨 교과서 / 124
자본주의는 악이라고 가르치는 교과서 / 125

편 가르기를 부추기는 교과서 / 127
어떻게 바로잡을 것인가? / 128
현행 검인정 교과서에 나타난 15가지 왜곡 사례 / 130

# 제3부

**김 진** (金璡) 중앙일보 논설위원

## 첫 번째 글

사실만으로 역사의 수레를 밀고 가자 / 149

## 두 번째 글

최초의 「교과서 분석 동영상」 48분에 걸쳐 65개의 문제점을 파헤치다 / 154

# 제1부

## 김철홍 金喆弘 장로회신학대학 교수

**첫 번째 글**
신앙인, 학자, 국민으로서
내가 역사 교과서
국정화에 찬성하는 이유는 무엇인가?

**두 번째 글**
「사상적 전향에 대한 그늘」에 대한 비판과
공산주의 이론의 그늘 속에 있는
한국 근현대사 역사학에 대한 나의 입장

**세 번째 글**
"2015년을 살아 달라"는 박영 학생의
부탁과 2015년의 한국문화 분석

## 첫 번째 글

# 신앙인, 학자, 국민으로서 내가 역사 교과서 국정화에 찬성하는 이유는 무엇인가?

### 나는 과연 신앙도, 양심의 자유도 없는 교수인가?

지난 2015년 10월 23일, 본교 홈페이지(www.puts.ac.kr) 일반 게시판에 본교 역사신학 교수 일곱 분(임희국, 서원모, 박경수, 안교성, 이치만, 김석주, 손은실) 공동의 이름으로 작성된 「역사교과서 국정화에 대한 우리의 입장」이라는 글이 올라왔다.

이들은 이 성명서에서 자신들을 '신앙과 양심의 자유를 정체성의 근간으로 삼는' '장로회신학대학교'의 역사신학 교수로 소개하면서 "정부가 역사를 독점하거나 미화하거나 왜곡하려는 일체의 시도를 즉각 중단할 것"을 촉구하였고, '신앙인으로서' '학자로서' '국민으로서' 국정화에 반대한다는 것을 분명하게 밝혔다. 그리고 "진리를 알지니 진리가 너희를 자유롭게 하리라"는 요한복음 8장 32절의 말씀으로 이 성명서를 마무리하였다.

이 성명서를 읽은 후 국정화에 찬성하고 있던 나는 깊은 고뇌에 빠지게 되었다. 왜냐하면 이 성명서에 의하면 나는 '역사를 독점하고' '미화하고' '왜곡하는' 시도에 동조하는 공범共犯이기 때문이다.

그들의 견해에 따르면 나는 '역사발전에 역행하는 시대착오적인 태도'를 갖고 있고, '사고의 다양성을 통제하는' 일종의 전체주의적 사고방식을 갖고 있는 사람이다. 그들이 '신앙과 양심의 자유를 정체성의 근간으로 삼는 장로교 소속 교단 신학교인 장로회신학대학교 역사신학 교수로서' 국정화에 반대하는 것이라면, 찬성하는 나는 신앙도 없고 양심의 자유도 없는 교수인 셈이다.

### 성명서 한 장이 만병통치약으로 둔갑

더욱 큰 고민은 "진리를 알지니 진리가 너희를 자유롭

게 하리라"는 요한복음 8장 32절의 말씀이다. 선언문 말미의 이 성경 인용문을 놓고 추론하건데 역사신학 교수들은 진리를 인식하고 있고, 진리로 자유롭게 된 분들임에 틀림이 없다.

그렇다면 나는 진리에 무지하고 그리스도의 자유가 없는 사람인 건가?

역사교과서를 국정화 하느냐 아니면 마느냐의 문제가 '진리의 문제'고, 정말 어느 한쪽의 입장은 진리, 반대편의 입장은 거짓인가?

나는 이 성명서에 역사신학 교수들이 갖고 있는 독단적인 입장, 즉 '나의 입장'은 옳고 '너의 입장'은 틀렸고 '나의 입장'은 진리고, '너의 입장'은 시대착오적이라고 보는 독단적인 입장, 사고의 다양성을 존중하지 않고 오히려 '사고의 다양성을 통제하는' 독단적인 입장이 여과 없이 노출되어 있다고 본다.

그리고 이들의 독단적인 태도는 "우리의 의견을 밝히는 것은 혼란을 가중시키는 것이 아니라, 오히려 사태를 바로잡는 일임을 깊이 인식한다"는 말에서 그 절정Climax에 도달한다.

마치 한 장의 성명서가 이 세상의 모든 일을 다 바로잡을 수 있을 것이라고 보는 이런 환상을, 본교 역사신학 교수님들만 갖고 있는 것은 물론 아니다. 이미 장신대 교수회가 성명서를 마치 만병통치약처럼 처방해온 선례가 지난 「세월호 성명서」와 「광복 70주년 신학성명서」에도 잘 나타나 있다.

이런 성명서들이 지금 우리 교단 안에서 얼마나 '사태'를 바로 잡고 있고, '개혁을 이루었'는지는 다소 의문이다. 이들은 "일방적인 진리주장이 얼마나 위험하며 자기혁신에 무능할 수 있는지"를 말한다. 하지만 자신들이 지금 그 위험한 '일방적인 진리주장'을 하고 있다는 사실은 미처 깨닫지 못하는 듯하다.

그러나 이 모든 것을 다 차치하고, 이 성명서가 더욱 더 비난 받아야 마땅한 이유는 성경 말씀을 자신들의 주장을 위한 치장물Embellishment로 사용했다는 점이다. 이들은 "진리를 알지니 진리가 너희를 자유롭게 하리라"(요 8:32)는 말씀으로 자신들의 주장에 세례를 행하고Baptize, 자신들의 주장을 거룩한 진리Sanctified Truth의 수준으로 고양시킴으로 국사교과서 국정화의 문제를 진리의 문제로 둔갑시켰다.

나는 성서신학 교수로서 이 구절을 아무리 읽고 주석을 참고하여 보아도, 왜 이 대목에서 이 성경구절이 등장해야 하는지 그 이유를 모르겠다. 이 구절이 국사교과서 국정화 문제와 어떤 구체적 관련이 있는지 나의 무지無知를 깨우쳐

줄 역사신학 교수님들의 친절한 설명이 절실하게 필요하다.

### 사견(私見)이 교단 전체의 입장인가?

나는 이와 유사한 성명서를 〈기독공보〉에서 읽었다. 본 교단 총회장이 발표하여 〈기독공보〉에 게재된 성명서, 「역사교과서 논의에 대한 본 교단의 입장: 역사 해석의 자유와 사상의 자유 제한」은 국정화를 반대하고 있다.

내가 총회 사무총장실에 직접 전화하여 총회장(채영남 목사)이 어떤 경로로 총회의 의견을 수렴하여 이 성명서를 발표했는지를 문의하였더니, 임원회에서 논의하여 발표하였다고 한다. 우리 교단 내에 이 문제에 관하여 성도들 사이에도 의견이 다르고, 목회자들도 마찬가지고, 신학교 교수인 나부터 총회장과 의견이 다르다.

임원회는 어떻게 본 교단의 입장을 수렴했는지 묻고 싶다. 총회장은 개인이 아니라 교단을 대표한다. 공인이다. 공인은 자신의 사견私見이 과연 자신이 대표하는 전체의 의견인지 분간하여야 한다.

임원회의 결의로 「본 교단의 입장」을 발표하였다면 총회장과 임원회는 자신의 권한을 남용한 것이 아닌가? 그 성명서는 총회장이란 직함을 빼고 차라리 「역사교과서 논의에 대한 나의 입장」으로 혹은 「역사교과서 논의에 대한 본 교단 임원회의 입장」으로 발표했어야 했다.

사회적으로 논란이 되고 있고, 어느 한 쪽이 절대적으로 옳고 다른 한 쪽이 틀렸다고 말할 수 없는 논쟁적 주제 Controversial Issue에 관해, 총회장이 제대로 된 의견수렴 과정도 없이 이렇게 간단히 임원회의 결정만으로 교단의 입장을 대변한 것은 월권越權이다.

왜 자신들의 사견이 교단의 입장인가? 역사신학 교수들의 독단적인 주장은 반대 의견과의 의미 있는 토론을 처음부터 봉쇄한다. 원래 성명서가 자신의 주장을 말하는 것이지만, 지금 이 성명서는 그 도가 지나치다. 이 성명서는 처음부터 교조적인 태도로 독자의 투항과 복종을 요구하고, 그렇게 하지 않으면 '진리를 모르는 자'로 깔끔하게 분류해버린다.

특이한 점은 역사신학 교수답지 않게 이 성명서 안에는 역사교과서 문제가 과거부터 현재까지 어떻게 진행되었고, 현재 무엇이 문제인가에 관한 분석과 구체적인 문제 지적도 없다.

그런 점에서 총회장의 성명서는 역사신학 교수들의 성명서보다 훨씬 더 실증적實證的이다. 총회장의 성명서는 그런 문제에 관해 양질의 정보를 포함하고 있고, 왜 본인이 개인적으로 국정화에 반대하는지 독자의 이해를 돕는 설명도 들어 있다. 그래서 나는 같은 학교의 교수로서 이 성명서가 더욱 더 부끄럽다.

### 충격적인 검인정 교과서들의 기술(記述)

그렇다면 내가 '신앙인으로서' '학자로서' '국민으로서' 국정화에 찬성하는 이유는 무엇인가? 본교 역사신학 교수들의 언어를 빌려서 말한다면 현재 사용 중인 검인정 한국사 교과서의 한국 근현대사 부분이 대한민국의 '역사 발전에 역행하는 시대착오적인 태도'를 가진 저자들의 견해가 강력하게 반영되어 있고, 전체주의적 '사고의 획일화를 초래할 전근대적인' 내용이며, '건전한 견제와 균형'이 깨어져 있고, 어린 학생들의 '사고思考의 다양성을 통제하는' 결과를 가져올 것이며, '국민통합과 창조성을 실현하는 일'에 역행하는 시민들을 이미 양산量産하였고, 앞으로도 계속 양산할 것이기 때문이다.

그리고 그것보다 더 절실한 이유는 나는 '한국 학계의 문제해결 능력 및 자정自淨능력을 불신하는 입장'이기 때문이고, 내가 이미 본교에서 교수 집단이 얼마나 '자기혁신에 무능할 수 있는지를 경험하였'기 때문이고, '역사가의 전문성과 자율성에 맡기는 것'이 얼마나 부질없는 짓임을 이미 현재의 검인정 교과서들을 통해 똑똑히 보고 있기 때문이다.

나는 현재 사용 중인 검인정 교과서들의 문제점들을 지적하는 뉴스나 인터넷 기사들을 최근에 보고, 사실 교과서 내용에 '약간'의 문제가 있을 것으로 추측했었다. 교과서에 어떤 내용이 누락되고 없다든지, 정확하지 않은 내용이 있다든지, 이런 문제 지적들이었다. 혹은 기독교의 입장에서 보았을 때, 타 종교에 관한 서술이 많고 기독교에 관한 서술이 적다는 문제 지적이었다.

나는 정말 한국사 교과서의 내용에 어떤 문제가 있는지 내가 직접 확인을 해보는 것이 필요하다는 생각이 들어서 며칠 전 중고등학교 검인정 한국사 교과서를 구입하기 위해 광화문 교보문고에 갔다.

아쉽게도 검인정 교과서는 모두 출판사에서 다 회수해가고 없었다. 내가 구할 수 있었던 것은 미래엔출판사에서 간행한 『고등학교 한국사 자습서』(대표 저자 한철호)와 비상출판사에서 발행한 『한국사: 완벽한 자율학습을 위한 완벽한 자율학습서』(저자: 이건홍 외 4인 공저)였다(물론 다른 것들도 있었지만 비싸서 모두 다 구입할 수 없었다).

이 책들은 학생들이 스스로 공부할 수 있도록 교과서의

내용을 잘 요약하여 분석하고 있고, 저자의 친절한 설명이 추가되어 있어 어떤 면에서는 교과서보다 저자의 의도를 더 분명히 보여주는 것 같았다. 심지어 학습 진단 평가를 위해 문제풀이도 포함되어 있었고, 이 부분이 매우 흥미로웠다.

나는 그 중 책이 많이 사용된다는 미래엔출판사의 『고등학교 한국사 자습서』 중 근현대사 부분인 186~311쪽의 내용을 그날 새벽까지 직접 읽었다. 다 읽고 난 뒤의 소감은 한 마디로 말해 '놀라움'이었다.

### 대학 시절 나는 마르크시스트였다

나는 1981년 서울대 사회학과에 진학하였다. 3학년 때인 1983년 8월에 일종의 강제 징집제도인 '지도指導 휴학'을 받고 군대에 갔고, 1985년 제대하고 다시 복학하여 1988년에 졸업했다. 사실 대학시절 학생운동에 깊이 참여한 것은 아니지만, 학내 동아리 활동을 하면서 친구들과 당시 운동권 학생들이 읽던 각종 이념서적들을 읽었다.

마르크스, 레닌, 마오쩌둥毛澤東의 저작들은 물론 러시아, 중국, 베트남, 쿠바 혁명사, 마르크스·레닌주의 유물론 철학, 경제사經濟史, 경제이론인 정치경제학, 종속이론, 사회주의 사상사, 사회주의 예술론, 한국 근현대사, 식민지 반봉건 사회론, 조선 공산주의 운동사, 사회구성체론 논쟁 등 오늘날 주체사상을 신봉하는 무식한(?) 좌파들이 읽지 않는 다양한 좌파 이론들을 공부한 적이 있다.

제대한 뒤에 나는 더욱 더 이념서적에 심취했고, 칼 마르크스의 『자본론』은 나에게 성경보다 더 중요한 책이었다. 수 백 페이지에 걸쳐 작은 글씨로 프린트 된 영어로 번역된 『자본론』을 두 번 통독하면서 나는 영어를 깨우쳤다. 어느 날 나는 공산주의자가 되어 있었다. 학교를 휴학하고 나는 공산주의 이념을 위해 내가 갈 수 있는 길의 끝까지 가려고 했다.

하지만 하나님의 은혜로(지금 되돌아보면) 그 길에서 다시 돌아왔고, 신학교에 진학하게 되었다. 신학교 시절에도 나는 이념의 문제와 신앙의 문제를 안고 많은 고민을 했다. 결정적으로 내가 좌파 이념을 버리게 된 것은 미국에 유학 가서 바울신학을 공부하게 되면서다.

바울의 복음은 나를 완전히 사상적으로 전향하게 했고, 복음의 세계관을 선택하게 되었다.

내가 갑자기 나의 전기Autobiography를 말하는 것은 미래엔출판사의 『고등학교 한국사 자습서』 중 근현대사 부분인 186~311쪽의 내용을 읽은 뒤의 소감을 보다 더 쉽게 이해하게 하려는 의도이며 다른 뜻은 없다. 그 한국사 자습서에는 놀랍게도 내가 대학교 때 의식화 학습에서 공부했던 내용 중 한국 근현대사와 조선공산주의 운동사에서 학습했던 내용들이 그대로 요약되어 있었다.

1981, 1982년도에 내가 다른 사람들의 눈에 띄지 않게 숨어서 좌파 서적에서 읽고 학습했던 내용보다 어떤 면에서는 더 잘 정리되어 있는 내용들이, 그동안 일반 고등학교 한국사 시간에 학생들에게 공개적으로 가르쳐지고 있었던 것이다.

학생운동이 일종의 도제徒弟 시스템을 사용하여 선배가 후배들에게 그토록 열심히 가르치고 배워서 '의식화된(좌파) 지성인'으로 만들던 그 과정 가운데 핵심적이고 기본적인 사항이, 이제는 전국의 고등학교에서 공개적으로 교사들에 의해 실시되고 있었던 것이다.

### 여봐란 듯이 행해지는 의식화 교육

내가 초등학교, 중고등학교를 통해 12년 동안 교육받으면서 제대로 들어보지 못한 개념들, 예를 들면 자본주의, 자본가, 지주, 대지주, 독점자본, 도시빈민, 노동력 수탈, 수탈에 의한 계층 분해, 민족운동의 주체로서 학생, 농민, 노동자, 사회주의, 노동쟁의, 농민조합, 혁명적 농민, 계급해방을 내세우는 혁명운동, 토지혁명, 봉건 잔재의 파괴, 부르주아 민족주의 혁명, 반제反帝 항일투쟁, 신간회新幹會의 해소解消, 사회주의 진영의 합법적 공간 상실, 기회주의, 중세 봉건사회 부재론, 사회경제사학史學, 유물사관, 식민사관植民史觀의 정체성론, 유심론, 유물론, 계급갈등, 반제국주의 투쟁, 소작투쟁, 쟁의, 계급적 교육, 지주에 대한 투쟁, 계급투쟁, 토지집중, 예속 자본가, 프로(=프롤레타리아) 문학, 보천보 전투, 반혁명 세력, 토지 국유화, 주요 산업의 국유화, 사회주의적 개혁, 통일전선, 노농 대중의 해방, 무장봉기, 무상 의무교육, 무상몰수 무상분배, 등 사회주의 이론 학습에서 사용되던 용어들이 186~273쪽에서 등장하며 다수는 반복적으로 등장했다.

내가 이런 개념들을 대학시절 의식화 교육에서 사용되는 책들을 통해 배웠다면, 오늘날에는 본교에 진학하는 학생들을 포함하여 고등학교를 졸업하는 모든 학생들이 수년간 정규 교육과정을 통해 이것들을 배우고 있다.

미국에서 귀국한 뒤 2008년도 장신대에서 여름방학 중 하루 4시간씩 수업하는 헬라어 강의를 하는 도중에 신학대학원 학생들이 결석한 적이 있었다. 다음 날 결석한 이유를 물으니 광우병 시위를 가기 위해 수업을 빠졌다는 대답이었다.

16년간 미국에서 미국산 소고기만 먹다 온 나에게는 광우병 시위 자체도 이상하게 보였고, 미국산 소고기를 먹으면 두뇌 속에 구멍이 '송송송' 생겨 죽게 된다는 언론의 보도는 지금 생각해도 내 인생 최고의 농담Joke으로 기억된다.

내 눈에 그것은 '집단적 광기狂氣' 그 이상도 이하도 아니었다. 더구나 학부도 아니고 신학대학원 학생들이 이런 비非이성적 시위에 참여하는 것이 당시 나에게는 미스터리Mystery였다.

그러나 그 미스터리는 이제 검인정 한국사 자습서를 읽고 쉽게 풀렸다. 학생들은 일본 제국주의 시대와 독립운동 역사를 좌파가 역사를 읽는 방식으로 배우고, 거기서 배운 개념으로 해방 이후의 현대사를 이해하고 있는 것이다.

해방 후 미 군정은 또 다른 제국주의 침략으로 보고, 그래서 대한민국을 여전히 미 제국주의의 식민지로 본다. 우리는 미 제국주의와 자본가들의 수탈을 당하고 있고, 여기에서 민중(인민)은 제국주의로부터의 해방의 주체主体가 된다.

그 관점에서 보면 미국산 소고기의 문제는 '소'의 문제가 아니라, '미 제국주의'의 문제다. 소를 수입하는 것을 미 제국주의의 침략과 수탈의 관점에서 본 것이다. 진정으로 그들이 문제 삼은 것은 광우병에 걸려서 내 두뇌에 구멍이 송송송 뚫리는 것이 아니라, 미 제국주의가 소고기 수입을 통해 민중을 계속해서 수탈하는 것이다(나의 분석이 틀리지 않다는 것은 당시 촛불을 든 사람들이 국내의 먹을거리 문제 혹은 건강에 문제 있는 식품을 수입하는 것에 관해서는 그동안 아무도 한 번도 촛불을 들지 않았다는 점에서 증명된다).

현재 사용 중인 검인정 한국사 교과서가 갖고 있는 진정한 문제는 어떤 특정 부분의 정보가 정확하지 않은 것도 아니고, 어떤 특정 부분의 정보가 누락된 것도 아니다. 그 책들이 문제가 되는 진정한 이유는 그 책들이 역사를 바라보는 관점이 기본적으로 마르크스주의의 역사관이기 때문이다.

내가 위에서 열거한 수많은 단어들, 즉 미래엔출판사의 『고등학교 한국사 자습서』 중 근현대시 부분인 186~311쪽의 내용에서 나오는 단어들은 중립적인 용어들이 아니다.

그 단어들은 이념적으로 알맹이가 가득 차 있는 용어들 **Ideologically Loaded Terms**이다. 그 단어들은 유물사관唯物史觀의 용어들이고, 검인정 한국사 교과서는 교사 개인이 그 역사관에 동의하건 동의하지 않건 상관없이, 마르크스주의 유물사관을 정규학교 과정 속에서 자유롭게 학생들에게 교육시키는 자료가 되고 있다.

마르크스주의 유물사관은 인류의 역사가 자본주의를 거

쳐 사회주의로 이행하고, 궁극적으로 공산사회에 도달할 것이며, 반드시 도달해야 한다고 가르친다. 그 과정은 사회의 토대Basis인 생산력과 생산관계의 발전에 따른 불가피한 사회변화이기 때문에 인간의 노력으로 이것을 막을 수도 없으면서, 동시에 공산사회 건설을 이상으로 갖고 있는 사회주의 혁명가들의 의식적이고 적극적이고 희생적인 투쟁에 의해 완성된다.

이론 뒤에는 반드시 행동가들Activists이 있으며, 이들 중에는 이미 '남조선 인민해방혁명'을 위해 오래 전에 인생을 바친 사람들이 있다.

### 검인정 교과서 전체의 '틀'이 문제

현재의 검인정 한국사 교과서는 바로 이런 공산주의 역사이론을 당연한 것으로 전제한 그 전제 위에서 기록되었다. 그러므로 유관순 열사가 그 책에서 빠진 것이 문제가 아니다. 교과서 전체의 틀, 구조Structure가 문제다.

그 구조가 전달하고 있는 특정한 정치적 이념이 바로 공산사회 건설을 목적으로 하는 사회주의 사상이란 점이 문제다. 이 교과서는 사회주의 사상 그 자체를 민중사학民衆史

學이라는 이름으로 가르치고 있다.

그러므로 유관순 열사의 이야기를 그 책에 추가할 것을 요구하여, 비록 그것이 포함된다 해도 여전히 현행 검정교과서 문제는 전혀 해결되지 않는다.

현재의 검인정 한국사 교과서는 폐기되어야 할 책이지 수정 혹은 개정되어야 할 책이 아니다. 개정은 해결책이 아니고, 폐기하고 새로 쓰는 것만이 현실적으로 유일한 해결책이다.

나는 그런 점에서 국정화에 찬성한다. 현재의 검인정 체제를 일단 그대로 유지하고, 검인정 체제 안에서 이 교과서 문제를 해결하자는 주장을 하는 사람들은 이 문제를 매우 낙관적인 관점에서 보고 있다.

본교 역사신학 교수들이 국정화를 반대하는 근본적인 이유가 무엇인지 그 짧은 성명서에서 모두 다 가늠하기는 어렵다. 그들이 현재의 검인정 한국사 교과서의 내용에 어떤 문제가 있다고 지적하지 않기 때문이다.

어쩌면 그들 중 어떤 사람은 현재의 한국사 교과서의 내용에 아무 문제가 없다고 생각하고 있을 수도 있다. 어떤 사람은 부분적으로 문제가 있지만 큰 문제가 없다고 생각하고, 그 정도라면 현재의 검인정 제도 안에서 충분히 해결할 수 있다고 보고 있을 수도 있다.

왜냐하면 성명서에서 '한국 학계의 문제해결 능력 및 자정능력을 불신'하지 말고 이 문제를 '역사가의 전문성과 자율성에 맡기'고 조용히 각자의 삶을 살 것을 설교하고 있기 때문이다. 이 입장은 매우 합리적이며, 상식적이다.

하지만 현실은 그렇게 녹록하지 않다. 왜냐하면 지금 국사 교과서를 둘러싼 논쟁은 역사전쟁이고, 이 전쟁에서 교과서를 만들고 앞으로 계속 사용할 것을 주장하는 사람들은 고지高地를 선점先占하고 있기 때문이다.

이들과 전쟁을 하지 않고도 현재의 검인정 제도 안에서 이 문제를 해결할 수 있다고 주장하는 것은 착각이다. 그들은 애써 점령한 고지를 쉽게 내어주는 바보들이 아니며, 그들은 노련한 싸움꾼들이기 때문이다.

내가 보기에 본교 역사신학 교수들 중에는 그들에게 싸움을 걸 사람도 없고, 그들과 맞붙어 싸워 이길 수 있는 분도 없다. 그들이 할 수 있는 것은 기껏해야 고쳐달라고 호소하는 것 정도다.

그러나 역사신학 교수들이 아무리 눈물로 개정을 호소하고, 그래서 그들이 우리 교수님들에게 관용을 베풀어 이곳, 저곳을 부분적으로 고쳐준다고 해도 별 소용이 없다. 왜냐하면 개정을 거친 그 책은 여전히 유물론적 역사관, 계급투쟁론, 제국주의와의 투쟁과 해방을 강력하게 가르칠 것이기 때문이다.


### 역사 해석은 미완(未完)의 전쟁이다!

 우리나라에서 근현대사 역사 해석의 문제는 전쟁이다. 그것은 단순히 역사학계 내부의 학자들 간의 논쟁이 아니다. 왜냐하면 우리나라는 이념문제 때문에 전쟁을 한 나라이기 때문이다. 대한민국을 건국한 사람들은 우리나라의 정치제도로 자유민주주의를 선택하였고, 경제제도로 자유시장경제를 선택하였다.

 북한은 정치제도로 인민민주주의, 즉 사회주의 정치체제를, 경제제도는 사유재산제도를 부정하고 국가가 모든 것을 소유하고 책임지는 사회주의 계획경제제도를 선택했다.

 사실 대한제국이 망한 뒤 우리의 선조들은 미래에 세워질 독립국가에서 어떤 정치제도와 경제제도를 선택할 것인지의 문제를 놓고 독립운동을 하던 당시부터 논쟁하였다.

 이 두 상반된 입장 가운데 어느 것을 선택할 것인지의 문제를 놓고 1945년 해방을 맞이하기 오래전부터 좌우 양편, 즉 사회주의 진영과 민족주의 진영으로 나뉘어 싸워왔다. 그 논쟁은 단순한 말싸움이 아니라 양쪽이 서로 죽이고 죽는 무력충돌로 이어져왔다.

대표적인 것이 바로 1921년 6월 현재의 러시아 스보보드니에서 일어난 '자유시 참변'이다. 무장 투쟁을 하던 독립군들이 함께 모여 통합하려던 와중에 좌우파 독립군들끼리 서로 총을 들고 싸운 사건이다. 그 이념적 전쟁이 전국적 규모로 확대되어 터진 것이 바로 6·25전쟁이다.

이 전쟁은 단순히 냉전시대에 미국과 소련을 대신해서 우리 민족이 싸운 것이 아니다. 6.25전쟁은 자유민주주의와 인민민주주의 간의 전쟁이다. 그리고 지금 그 전쟁은 대한민국 안에서 여전히 현재 진행 중이다. 겉으로 보기에는 평화롭지만 우리 사회 내부에서는 지금 좌우 이념 대립의 문제가 해소되지 않고 여전히 진행 중이다.

검인정 한국사 교과서 집필진 중 상당수가 관련된 민족문제연구소라는 단체에서 만들어 유포한 「백년전쟁」이라는 다큐는 물론 내용이 상당히 문제가 많지만, 그 제목은 매우 정직하고 정확하다.

그렇다. 이것은 전쟁이다! 백년간에 걸친, 아직 끝나지 않은 미완未完의 전쟁이다. 그들은 한국 근현대사를 전쟁터로 인식하고, 지금까지 충실하게 전쟁을 수행해왔다.

그렇다면 우리는 무엇을 하고 있는가? 본교 역사신학 교수들의 견해에 따르면 우리는 이것을 전쟁으로 인식하기는 커녕, '한국 학계의 문제해결 능력 및 자정능력을 불신'하지 말고 학자들에게 맡겨놓자는 것이다.

그러나 그 '한국 학계'가 이런 민중사학을 주장하는 역사학자들이 다수가 되어, 이미 역사학계는 이들에게 평정되었다. 왜냐하면 한국 근현대사 해석의 문제를 놓고, 지금 일개 신학교 바울신학 전공교수인 내가 이 문제를 지적해야 할 정도로 현 역사학계에서 아무도 이 문제를 지적하지 않고 있기 때문이다.

만약 민중사학에 반대하면서도 용기를 내어 이 문제를 지적하지 않았다면 그것은 역사학자로서 책임을 방기放棄한 것이고, 비겁하기 짝이 없다. 나는 그들의 침묵을 민중사학에 대한 동의同意로 간주한다.

그리고 본교 역사신학 교수들이 이 교과서 문제에 대해서 지금까지 한 마디도 하지 않고 있다가, 지금에 와서야 단 한 페이지짜리 성명서를 발표하는 것으로 자신들의 책임을 다했다고 생각한다면 그것은 위선이다.


### 좌파 역사학도들의 교조적인 얼굴

나는 이 문제에 대해 그들이 지금까지 침묵한 것은, 그들이 민중사학의 입장에 암묵적으로 동의하고 있다는 증거라고 본다. 만약 아니라면 소리를 크게 내어 외쳐야 할 것이다. 장신대 교수들이 좋아하는 '이 시대의 선지자의 역할'을 해야 할 것이다. 다양한 교과서가 있어서 서로 견제하고 균형을 이루는 것이 좋다는 의견에 나도 기본적으로 찬성한다.

역사신학 교수들은 "최선의 해결책은 사고의 다양성을 통제하는 것이 아니라, 오히려 활성화를 통한 건전한 견제와 균형이다"고 성명서에서 주장했다.

검인정 교과서들의 문제를 인식하고 보다 더 균형 잡힌 교과서를 만들어 보급하기 위해 지난해에 교학사에서 한국사 교과서를 만들어 출판했다. 그 때 전국의 초중고 학교 중 교학사 교과서를 채택한 일부 학교들이 교학사 교과서를 채택하지 못하도록 하느라 전교조와 언론 각종 시민단체들이 어떤 일을 했는지 나는 똑똑히 보았다.

전교조에서는 심지어 교학사 교과서를 채택한 학교들을 위험 학교로 분류하여 홍보하겠다고 위협했다.

소위 다양한 교과서로서 기존의 교과서들과 입장을 달리하는 단 한 가지의 새로운 교과서가 등장하자 검인정 교과서를 만들고 지지하는 사람들은 자신들과 역사관을 달리 하는 교과서를 용납하지 못하고, 단 한군데의 학교도 그것을 사용하지 못하게 하기 위해 열을 올렸다.

　나는 당시 좌파 지식인 가운데 단 한 명이라도 나서서, "이렇게 하면 안 된다. 사고의 다양성을 통제하면 안 된다. 건전한 견제와 균형을 위해 교학사 교과서를 채택한 학교를 내버려 두라"고 말하는 사람이 있기를 기대했다. 그러나 나는 그 '단 한 명'의 목소리를 듣지 못했다. 그 이유는 오늘날 한국 사회에서 지식인들은 다 죽었기 때문이다. 좌파 지식인들은 이념에 다 함몰되었다. 그들은 더 이상 지식인이 아니라, 이념가다.

　나는 지금도 '사고의 다양성을 통제하는 것이 아니라, 오히려 활성화를 통한 건전한 견제와 균형'이 해결책이라고 주장하는 본교 역사신학 교수들이, 왜 그때는 하나같이 입을 다물고 있다가 이제야 소리를 높여 '국정화 반대'를 외치는지 그 이유가 궁금하다.

　그대들은 좌파 지식인이라서 그 때는 목소리를 내지 않은 것인가? 아니면 아예 관심조차 없었던 것인가? 왜 그 때는 '신앙과 양심의 자유를 정체성의 근간으로 삼는' 장로회신학대학교의 역사신학 교수로서 '사고의 다양성을 통제하는' 행동과 '건전한 견제와 균형'을 무너뜨리기 위해 교학사 교과서를 채택한 학교들이 공격당할 때, 왜 그 때는 침묵하다가 이제 와서 뒷북을 치는가?

결국 전국 2천318개 학교 중 단 한 곳도 교학사 교과서를 사용하지 않게 되는 결과가 나왔을 때, 나는 좌파 역사학도들의 폐쇄적이고 교조적인 얼굴을 다시 보았다. 그것은 1986년에 내가 본 얼굴, 주체사상을 주장하면서 학생운동과 노동운동을 장악해나가던 주사파主思派의 얼굴과 다르지 않았다.

나는 대한민국의 국민으로 태어난 것이 부끄럽지 않다. 자랑스럽다. 나는 북조선 인민민주주의공화국의 시민이 아니라, 자유 대한민국의 시민으로 태어난 것을 다행으로 여긴다. 자유민주주의 국가가 하나님의 나라도 아니고, 자유시장경제 제도가 완벽한 경제 제도도 아니지만, 북한의 전체주의보다 훨씬 낫고, 사회주의 경제제도보다 더 낫기 때문이다. 나는 이 제도에 만족한다.

나도 현재의 제도에 약간의 문제가 있고, 개선의 여지가 있다고 본다. 하지만 나는 이 체제 자체를 부정하고, 다른 체제로 바꾸어야 한다고 생각하지 않는다. 만약 현재의 체제를 부정하고 다른 체제로 바꾸어야 한다고 생각하는 사람들이 그런 시도를 한다면, 나는 그들과 싸워 막을 것이다.

6·25전쟁에서 대한민국을 지키기 위해 전쟁터에서 목숨을 바친 나의 선배들이 자유민주주의를 지켰듯이, 나도 지킬 것이다. 검인정 한국사 교과서는 현재 자유민주주의 체

제를 부정하고 인민민주주의체제로 바꾸어야 한다고 믿는 사람들이 있다는 살아있는 증거다. 그 책들을 읽고도 아니라고 말하는 사람은 사회주의 이론을 잘 모르는 사람일 가능성이 많다.

나는 그런 책으로 대한민국의 미래의 주역들이 한국사를 배우는 것에 반대한다. 신앙인으로서, 학자로서, 국민으로서 반대한다. 건전한 자유민주사회의 시민으로서 우리 자녀들이 자라기 위해 지금은 '긴급한 조치'를 취하지 않으면 안 된다. 박근혜朴槿惠 대통령의 긴급한 제안이 없었더라면 나같이 비겁한 사람도 이렇게 글을 쓸 수 있는 기회가 없었을 것이다.

### 개혁의 주체가 아닌 개혁의 대상

끝으로 "진리를 알지니 진리가 너희를 자유롭게 하리라"는 요한복음 8장 32절의 말씀에 관해 몇 자 더 적고자 한다. 성경과 기독교 복음이 말하는 진리는 정치적 메시지가 아니다.

복음은 인간이라면 누구다 다 갖고 있는 죄와 구원의 문제에 관한 것이다. 그 사람이 정치적으로 좌파이건 우파이건, 경제적으로 상류층이건 하류층이건(자본가이건 프롤레타리아건, 부농이건 빈농이건), 남자건 여자건, 백인종이건 흑인종이건 황인종이건, 상관없이 인간이라면 누구나 다 보편적으로 한 사람도 예외 없이 죄의 문제를 갖고 있고, 하늘로부터 오는 구원을 필요로 한다.

그 구원은 영원한 생명, 즉 종말에 영원한 몸을 입은 하나님의 성도로 부활하여 종말에 이루어질 영원한 하나님의 나라에 들어가는 것이다.

그것이 요한복음 8장 32절이 말하는 '진리'이고, 우리가 그 진리를 깨달을 때 우리는 이 죄악이 가득한 세상 속에서 진리 안에서 죄와 죽음의 세력으로부터 자유로운 거룩한 삶으로 나아가게 된다.

같은 신학교 교수로서 나는 그런 점에서 우리 교수들이 세속사회의 논쟁적인 주제에 관해서 섣불리 입장을 표명하는 것이 부적절하다고 생각한다.

내가 이렇게 나의 입장을 표명하는 것은 사실 내가 정말로 원해서가 아니라, 상황이 나로 하여금 이 글을 쓰도록 강요했기 때문이다.

우리는 목회자 후보생을 교육하는 신학교 교수이고, 신학교 교수들은 성경과 복음의 진리를 가르치는 사람들이다. 그러므로 신학교 교수가 성명서를 발표하는 것은 일반

대학교의 교수들이 성명서를 발표하는 것과는 질적으로 다른 행동이다.

신학교 교수의 성명서는 기독교 복음과 성경의 진리를 근거로 하는 것이므로, 그것은 교수 집단의 주장을 넘어서 복음과 성경의 주장으로 사람들에게 들려지게 된다.

때문에 신학교 교수들이 성명서를 발표하는 것은 매우 신중해야 한다. 성명서를 남발하는 것보다 성명서는 아끼는 것이 더 현명하다. 최근에 장신대 교수회가 성명서를 낼 때마다 나는 개인적으로 반대했다.

성명서 내용도 반대했지만, 성명서를 발표하는 것 자체에 반대했다. 특히 성명서 내용 가운데 사회의 개혁을 주장하는 것들에 나는 강하게 반대했다. 왜냐하면 내가 보기에 장신대 교수들은 개혁의 주체가 아니라 개혁의 대상에 더 가깝기 때문이다.

남의 눈의 티를 빼겠다고 하기 전에 우리 눈 속에 있는 들보를 먼저 보는 지혜가 필요하다.

2015년 10월 28일

**두 번째 글**

# 「사상적 전향의 그늘」이라고?
# 한국 근현대사 역사학에 대한 나의 입장

### 심리 분석에만 열중한 '구원 투수'

며칠 전 전주全州에 있는 본 교단 소속 한일장신대의 신약학新約學 교수인 차정식 교수가 자신의 페이스북에 나의 글을 비판하는 글을 올렸다. 「사상적 전향의 그늘」이란 제목의 이 글을 읽은 나는 응답하기로 결심했다.

처음부터 나는 본교 교회사 교수들 중 누구라도 응답한다면 그 비판에 응할 생각이었다. 하지만 아무도 응답하지 않았고, 이것을 본 차정식 교수는 스스로 '구원 등판'을 결심한 듯하다.

이제 곧 논증論證되겠지만 사실 그의 글은 언급할 가치가 많은 글은 아니다. 그는 1980대초 서울대 국사학과에서 한국사를 전공한 학생치고는 이 역사 교과서 토론에서 실증적實證的 자료에 근거한 주장을 성실하게 하지 않을 뿐 아니라, 아쉽게도 대부분의 지면을 나의 심리 분석에 열을 올리고 있기 때문이다.

예를 들면, 내가 좌파에서 우파로 전향했기 때문에 "남들이 자기의 보수 우파적 전향을 충분히 믿어주지 않을까봐 선명성을 부각시키려 더 길길이 날뛰는 건 아닐까 하는 의심마저 들었다"고 그는 말한다.

그나마 그의 글에서 역사교과서 문제와 관련된 실증적 내용은 한국 역사학계에서 근대사 연구의 태두泰斗로 여겨지는 김용섭金容燮 교수의 「경영형 부농富農」에 관한 언급이다.

자, 그럼 그의 목소리를 한 번 직접 들어보자.

"그는 한 역사교과서에 사용된 다양한 용어를 길게 나열하면서 그것이 현재 검인정 교과서가 북한식 유물사관에 오염돼 있다는 증거라고 성토했다. 그 용어의 상당수가 가령 김용섭 교수의 「경영형 부농」처럼 역사학자가 해석을 위해 고안한 개념이 아니라 당대의 신문에 나온 사실적 개념들인데 말이다."

-차정식 교수의 글에서 발췌

  내가 검인정 한국사 교과서의 내용이 왜 문제인지를 설명한 지난 번 글에는 사실 약간의 미흡함이 있었다. 왜냐하면 그 글에서 현재 역사학계가 왜 좌파 역사이론이 지배하게 되었는지를 설명할 기회가 없었기 때문이다.

  차정식 교수가 그의 글에서 김용섭 교수를 언급한 것은 나로서는 '안 그래도 울고 싶은데 따귀를 때려준' 셈이다. 차 교수는 이미 나의 따귀를 때렸다. 별로 아프지는 않지만, 여하튼 그가 따귀는 때렸으니 이제는 내가 제대로 울어야 할 차례다.

  김용섭 교수의 「경영형 부농」에 대한 연구는 마르크스주의의 유물론적 역사관을 우리나라 근대사에 적용한 첫 성공적 사례로 볼 수 있다.

  1970년대에 시리즈로 발표된 「한말 일제하 지주제地主制」에 관한 그의 연구들은 당시 지주 중에 단순한 농사꾼이라기보다는, 상당한 토지를 축적하고 토지에서 창출된 농업 이윤을 다시 재생산에 투입하여 확대 재생산을 반복하는, 일종의 농업자본가로의 변신이 충분히 가능한 경영형 부농이 존재했다는 것을 보여주려고 했다.

예를 들어, 1978년 『한국사 연구』에 발표된 「고부高阜 김씨가金氏家의 지주경영地主經營과 자본전환資本轉換」같은 연구가 그런 것이다. 이 논문의 제목이 보여주듯 김용섭은 고부 지역 대지주인 김씨 가문이 자신의 토지를 사용하여 자본가로 변신하는 과정을 묘사하려고 했다. 당시 그의 이런 연구는 국내 역사학계의 대환영을 받았고, 이른바 '조선 후기 자본주의 맹아론萌芽論'이란 이름으로 발전하기 시작했다.

즉, 우리나라에서도 이른바 부르주아 계층(자본가 계층)이 자생적으로 등장하기 시작했으며, 만약 일본이 침략하지만 않았더라면 우리나라도 자본주의의 싹이 이미 텄으므로 스스로의 힘으로 봉건제 사회에서 자본주의 사회로 이행移行할 수 있었는데, 일본의 침략으로 그 이행이 저지당했다는 주장이다.

김용섭의 이론이 환영을 받은 기본적인 이유는 그의 이론이 식민사관(일본의 식민지배가 정치·경제·문화의 발전을 가져왔다는 주장)을 한국 역사학계가 극복할 수 있는 출구를 제공했기 때문이다.

나는 33년 전인 1982년, 대학 2학년 때 서울대에서 경제학과 안병직安秉直 교수의 강의에서 이런 내용들을 배웠을 때의 감동을 아직 기억한다. 도서관에서 구한말, 일제 초기의 토지대장과 소작 소출 기록에 대한 분석을 포함한 김용섭 교수의 논문들을 다수 탐독했고, 다른 학생들이 미팅을 하러 나갈 때 나는 그의 글의 각주脚注에 인용된 글까지 찾아 읽으면서 그의 실증적 연구에 탄복했다.

그의 주장은 내가 그동안 배운 유물론적 역사이론이 단순한 추상적 진리가 아니라, 실제 우리 역사에 적용 가능한 Applicable 이론이라는 것을 경험하게 해주었다. 즉, 인류의 역사는 1) 원시 공산주의 ⇒ 2) 고대 노예제 ⇒ 3) 중세 봉건제 ⇒ 4) 근세 자본주의 ⇒ 5) 현대 사회주의 ⇒ 6) 미래의 공산사회로 단계적으로 발전한다는 마르크스주의 유물사관이 그대로 우리나라 역사에 적용된 이론이었다.

### 순진무구한 무지(無知)의 폭로

김용섭의 연구가 국사학자들의 식민사관 극복을 도와준 것은 사실이지만, 공산주의 경제사 이론에 근거하였기 때문에 그 이후 오늘에 이르기까지 국사학계에 큰 해악을 끼치게 되었다. 그의 이론은 절대로 단순한 경제사經濟史에 관한 서술이 아니다.

인류 역사가 한 단계에서 다음 단계로 이행한다고 보는 이런 이행론移行論은, 결국 우리나라도 자본주의에서 사회주의로 당연히 이행해야 한다는 것을 전제로 한 것이다. 그리고 이런 이행은 오직 사회주의 혁명을 통해서만 가능하다.

이런 유물론적 역사관은 결코 정치적으로 중립적인 이론이 아니며, 공산주의 '정치 이념'과 불가분의 관계 속에 있다. 그러므로 김용섭이 의도했건 의도하지 않았건 상관없이, 그의 연구를 지지하고 따르는 다수의 현대 국사학자들은 스스로 한국 근현대사 연구를 공산주의 이론의 틀 안에 가두고, 오직 그 관점에서 서술하기 시작했다.

그러므로 차정식 교수가 "그(=김철홍)는 한 역사교과서에 사용된 다양한 용어를 길게 나열하면서 그것이 현재 검인정 교과서가 북한식 유물사관에 오염돼 있다는 증거라고 성토했다"고 말하는 것은 그의 순진무구한 무지를 폭로할 뿐이다.

현재 역사 교과서의 다양한 용어는 결코 중립적이지 않다. 그 용어들은 이념적 용어들이다. 설사 차 교수의 주장처럼 김용섭의 「경영형 부농」 개념이 김용섭이 만든 것이 아니고 일개 신문사 기자가 고안해 낸 용어라 하더라도(물론 김용섭의 제자들은 차 교수의 이 주장에 '길길이 날뛸' 지도 모른다), 상관이 없다.

김용섭은 그 용어를 사용하여 「자본주의 맹아론」을 개발했고, 이 이론을 통해 그는 마르크스주의의 단계적 이행론을 우리 역사 연구에 적용했다. 신문사 기자가 '경영형 부농'이란 말을 쓸 때 그가 공산주의 이론을 설명하는 용어로 사용하지 않았다 하더라도, 김용섭은 유물론적 역사관을 설명하기 위해 그 용어를 사용했다.

같은 용어라도 사용방법이 다르다. 사용방법이 다르면 같은 용어도 다른 뜻을 전달한다.

차정식 교수가 말하듯이 내가 '이념적 이분법에 압도돼 역사 해석의 기본인 실증을 소외'시킨 것이 아니다. 용어가 이념적으로 사용되는 현실을 이해 못하는 차 교수가 스스로 자신의 무지에 '압도되어' 실증을 보고도 이해 못하고, 나의 논지로부터 자기 자신을 '소외'시켰을 따름이다.

김용섭의 이론은 이미 오늘날 역사학계가 한국 근현대사를 연구하는 규범적 틀Normative Frame이 되었다. 그리고 이런 역사 이론은 이념의 실천인 혁명 전략의 이론적 기초가 되었다.

이론이 어떻게 혁명 전략의 기초가 되는지를 가장 잘 보여주는 것은 김용섭의 연구 뒤에 등장한 안병직의 「식민지 반半봉건 사회론」이다. 이 이론은 원래 중국 공산당이 공산혁명 당시 중국사회를 분석한 틀로서, 정통 마르크스주의의 이행론을 '살짝' 수정한 이론이다.

내용인즉, 서구 열강의 침략 이전 중국은 농업을 주로 하는 전통적 봉건사회였지만, 제국주의가 침략하여 식민 지배를 받게 되면서 지배국가의 자본주의 제도가 식민지에 부분적으로만 이식되었다. 동시에 전통적 봉건사회는 완전히 해체되지 않았고, 강제적으로 부분적으로 유지되었다는 주장이다.

제국주의는 중국의 봉건주의와 자본주의 제도를 교묘히 반반半半씩 결합시켜 유지함으로 결국 중국은 지속적으로 후진적인 상태에 머물게 되고, 정상적인 자본주의로의 이행도 일어나지 않게 된다.

그렇다면 이런 식민지 반봉건사회인 중국에서, 산업 노동자가 절대적으로 그 숫자가 부족한 상황에서, 프롤레타리아 혁명은 어떻게 가능한가? 해답은 노동자와 농민이 연합하여 공산혁명을 이루는 방법에 있었다. 어차피 노동자와 농민은 제국주의 수탈의 피해자이므로 두 계급은 함께 연대하여 투쟁할 수 있다.

그래서 마오쩌둥과 중국 공산당은 프롤레타리아 계급의 단독 혁명이 아니라 노동자와 소농민Peasant이 연합하고, 기타 제국주의·대지주·자본가에 반대하는 모든 세력이 총결집한 통일전선을 구축한, 계급간의 유혈 투쟁인 인민해방전쟁을 수행했다.

## 공산주의 이론을 근거로 한 검인정 교과서들

현재의 검인정 역사교과서를 집필한 사람들이 역사를 보는 관점을 공개적으로 천명하지는 않지만, 그들은 이런「식민지 반<sup>半</sup> 봉건사회론」과 동일한 관점에서 일제시대를 묘사하고 있다. 예를 들어 금성출판사에서 만든『고등학교 한국사』교과서 340쪽은 아래와 같이 당시의 상황을 계급투쟁론의 관점에서 묘사한다.

> "파업 투쟁과 소작 쟁의가 폭발적으로 고양되자 사회주의자들은 혁명적 노동조합과 혁명적 농민 조합을 조직하였다.
> 혁명적 노동조합 운동은 노동자들의 삶과 관련된 문제를 해결하면서 대중적인 기반을 확보하고, 그를 토대로 반일과 같은 정치 투쟁으로 나아가고자 하였다."

미래엔출판사에서 고등학교 교과서인『한국사』269쪽은 아래와 같이 저자의 관점을 더욱 더 선명하게 노출하면서 이렇게 말한다.

> "1930년대 들어 농민·노동 운동은 급진적인 양산으로 바뀌어 갔다. 일제가 지주와 자본가의 편에서 농민과 노동 운동에 대한

> 탄압을 강화하자, 농민과 노동자들은 사회주의 세력과 연대하여 혁명적 농민 조합, 혁명적 노동조합을 만들어 저항하였다. (중략)
>
> 이러한 사실은 농민·노동 운동이 단순히 생존권 투쟁이 아니라 계급 해방을 추구하는 혁명 운동이자 반제국주의 항일 투쟁으로 발전하였음을 보여준다."

노동자·농민·사회주의자들의 연대가 한 편에 있다면, 반대편에는 일본 제국주의·지주·자본가가 서있다. 이들 진영의 계급투쟁은 오직 혁명을 통해서 해소되며, 그 결과는 단순한 생존권의 확보가 아닌 계급 해방이다. 그 혁명은 곧 공산 혁명이다.

내가 이 글에서 증명하고자 하는 바는 현재 검인정 교과서들이 이런 공산주의 이론을 근거로 해서, 더 구체적으로 말하자면 「식민지 반‡봉건 사회론」에 근거해서 기술되고 있다는 것이다. 놀라운 것은 이 「식민지 반봉건 사회론」이 북조선 인민민주의의공화국의 역사학자들이 일제시대를 기술할 때 사용하는 이론적 틀이라는 점이다.

마오쩌둥의 이론이 조선공산당에 영향을 주었고, 이 전통이 현재 북한에 지속되고 있다. 그러므로 위의 교과서의 내용은 북한이 근현대사를 보는 관점과 사실상 동일하다.

– 필자 주 : 물론 안병직 교수가 북한으로부터 이것을 수입했다는 말은 아니다. 그는 중국공산당의 이론에서 영향을 받아 스스로 이 이론을 세웠다.

## 북한의 수준을 넘어선 남한의 좌파 이론

차정식 교수는 내가 "한 역사 교과서에 사용된 다양한 용어를 길게 나열하면서 그것이 현재 검인정 교과서가 북한식 유물사관에 오염돼 있다는 증거라고 성토했다"고 나를 비판했다. 하지만 그가 모르고 있는 비밀은 검인정 교과서들은 처음부터 이런 '유물사관에 오염'되어 있는 역사관, 즉 「식민지 반봉건 사회론」에 근거하고 있다는 것이다.

나는 그의 무지를 여기서 너무 심하게 나무라고 싶지는 않다. 왜냐하면 차 교수는 지금 이 교과서 논쟁에서 그 누구도 할 수 없는 심대한 공헌을 하고 있기 때문이다.

차정식 교수는 역사학에 문외한門外漢인 일반 시민들은 물론이고, 심지어 서울대 국사학과 졸업생조차 현재 검인정 교과서에 얼마나 심각한 문제가 있는지 제대로 알아보기 쉽지 않다는 사실을 우리에게 웅변적으로 잘 보여주는 살아서 걸어 다니는 증거다.

우리는 종종 남한의 역사 교과서 저자들이 북한의 역사

교과서를 보고 베꼈다는 주장을 듣는다. 그 말은 사실 남한의 역사학자들을 우습게 보고 모욕하는 것이다.

국내에서 자생적으로 공산주의 이론을 습득하여 역사를 연구하는 남한의 역사학자들이 갖고 있는 학문적 능력을 그렇게 폄하하면 안 된다. 그들에게는 북한의 역사책을 보지 않고도 북한의 역사책을 능가하는 책을 쓸 수 있는 능력이 이미 갖추어져 있다.

어떤 면에서 남한의 좌파 역사이론은 북한의 이론을 오래 전에 능가하였을 가능성이 많다. 그러므로 남한의 교과서와 북한의 역사 교과서 사이에 유사한 내용이 있는 것을 보고 표절로 몰아붙이는 것은, 그들의 학문적 역량을 지나치게 과소평가 하는 실례의 말이니 앞으로는 삼가도록 하자.

남한의 좌파 이론이 북한의 수준을 넘어선 것으로 보이는 것은 비단 역사학 분야만이 아니다. 북한의 주체사상에 반대하는 남한의 정통 마르크스주의 이론가들은, 자신들의 이론적 수준이 그가 어떤 계열에 서 있건 관계없이, 이미 세계적인 수준에 도달하였다는 것을 1980년대 말~1990년대 초에 있었던 '사회구성체론 논쟁'에서 이미 증명했다.

- 필자 주 : 물론 소련과 동구 공산국가들이 이미 몰락한 상황에서 '세계적'이라고 해봐야 별로 세계적이지도 않은 것은 사실이다.

## 국정화 반대의 비밀스러운 이유

 1985년에 「창작과비평」 57호가 한국 자본주의의 성격을 밝히기 위한 논쟁을 기획한 이래 90년대 초반까지 진행된 이 논쟁에서, 정통 마르크스주의자들은 한국의 자본주의를 '국가 독점 자본주의', '주변부 자본주의', 혹은 '신식민지 국가 독점 자본주의' 등 일반인에게는 생소하게 들리는 각종 이론을 주장하며 논쟁을 벌였다.

 물론 여기에 주체사상을 신봉하는 주사파는 참여하지 않았다. 왜냐하면 주사파에게 북쪽의 공화국을 인정하지 않는 이들은, 통일전선 형성 시 연대의 대상일 뿐 토론의 상대는 되지 않기 때문이다.

 그 토론은 1990년을 지나면서 급격히 동력을 잃어버리게 되는데, 그 이유는 한국사회의 각종 경제적 지표들이 이미 이들의 주장을 무효화해버렸기 때문이다. 결국 이들은 자신들의 노력이 별로 큰 '성공'을 거두지 못했음에도 불구하고, '성공회대학교'와 같은 그들의 진영으로 후퇴했다. 그리고 「신자유주의 경제 질서」라는 다소 모호한 이론이 그들이 떠난 빈자리 공백을 메우게 되었다.

 이런 그간의 사회구성체 논쟁의 내용을 총 정리하여 4권으로 집대성한 책, 『한국사회구성체논쟁』을 편집한 사람이

다름 아닌 현 서울시 교육감 조희연이란 점은 우리에게 많은 시사를 준다. 자유민주주의 국가로서 자유시장 경제제도를 채택한 대한민국의 수도인 서울의 학생 교육을 맡은 수장首長이 정통 마르크스주의자들을 자처하는 사람들의 사회구성체 논쟁을 집대성한 인물이기 때문이다.

중고등학교 교육에서 이념적 좌파들의 영향력은 생각보다 크고 깊다. 그들이 이미 고지高地를 선점先占하였다는 나의 말은 여기에서 다시 한 번 확인된다. 그러므로 교과서 문제는 그렇게 단순하지 않다. 현 검인정 교과서에서 6·25전쟁을 남침으로 묘사했느냐 북침으로 묘사했느냐, 그런 것은 문제의 핵심이 아니다. 6·25전쟁을 남침으로 묘사했다고 해서 교과서에 문제가 없다고 말할 수 없다.

현행 검인정 교과서가 갖고 있는 문제는 이 교과서의 근현대사 부분이 마르크스주의에 기초한 역사관에 의해 서술되어 있기 때문에, 그 교과서가 사용되는 한 사회주의에 친화적인 태도Socialism-Friendly Attitude를 갖고 있는 젊은 세대를 끊임없이 생산해낸다는 점이다.

바로 여기에 범汎 좌파 계열이 모두 한결같이 입에 거품을 물고 국정화를 반대하는, 그 비밀스러운 이유가 숨겨져 있다. 주사파건, 정통 마르크스주의자건, 새정치민주연합이건, 일반시민이건, 이들은 한 마음으로 연합하여 국정화를 막아야만 한다.

그것은 그들의 공통의 이익이다. 단지 북쪽의 공화국이 국정화를 반대하라고 공개 지령을 내렸기 때문만은 아니다.

국정화를 막지 못하면 당장 야당에게 친화적이고, 사회주의 이념에 친화적인 다음 세대를 만들어, 결국 언젠가는 한국사회를 사회주의로 이행시켜야 하는 그들의 역사적 소명을 성취할 가능성이 점점 더 적어지기 때문이다.

### 된장인지 똥인지 직접 한번 먹어보시라!

나는 차정식 교수가 얼마나 좌파 이론을 깊이 이해하고 있는지 잘 모른다. 그와 이런 문제로 토론한 적이 없고, 그의 짧은 글을 읽고 그가 갖고 있는 사상의 경향과 깊이를 가늠하기가 나로서는 쉽지 않다.

하지만 내 눈에 그가 사회주의 이론에 정통한 사람이라고 보이지는 않는다. 차정식 교수와 나 사이에 있는 차이점을 비유로 설명하자면 이렇다.

여기에 갈색의 물질이 있다. 그것은 얼핏 보면 된장처럼 보인다. 하지만 자세히 보면 인분人糞처럼 보이기도 한다(편의상 이하에서는 인분 대신 영어 알파벳 D를 사용하기로 한다).

차 교수는 검인정 역사 교과서는 D가 아니고 된장이라는 것이다. 나의 주장은 그 책들이 된장이 아니고 D라는 것이다. 나는 이것이 D이므로 어린 학생들에게 먹이면 안 된다고 주장하고, 차 교수는 이것이 된장이므로 학생들에게 계속 먹이자는 것이다.

 차 교수는 나에게 "이 갈색의 물질이 D인지 된장인지 당신이 어떻게 아느냐?"고 묻는다. 그의 질문에 대한 나의 대답은 간단하다. "왜냐하면 내가 그것을 먹어봤기 때문에 안다"이다. 차정식 교수는 내가 좌파 이념을 버리고 애국 우파로 전향한 것에 관해 이렇게 말한다.

> "정반대의 방향으로 사상적 전향을 한 학자가 그 굴절된 내면의 그늘을 드러내는 것 같아 씁쓸했다. (중략).
> 그러나 그의 사상적 전향에 또 다른 트라우마의 그늘을 대하는 씁쓸한 뒷맛은 어쩔 수 없었다."

 나의 사상적 전향에 대해 차정식 교수가 어떤 입맛을 다시는지에 관해 나는 사실 관심이 없다. 하지만 이것 한 가지는 꼭 말해주고 싶다.

> "정말 이것이 D인지 된장인지 알고 싶으면 직접 한 번 먹어 보

라. 내가 먹어봤는데 그 맛은 씁쓸하다."

그리고 동일한 말을 공산주의 이론의 그늘 속에서 한국 근현대사를 연구하는 모든 역사학도들에게 말해주고 싶다. 물론 그 안에는 그동안 D를 나보다 더 많이 먹어본 사람들도 있을 것이다.

그것이 무엇인지 알고 먹은 사람도 있을 것이고, 무엇인지 모르고 먹은 사람들도 있을 것이다. 그들이 오랜 시간에 걸쳐 연구자로서 걸어온 길을 한 번에 버리고 다른 길을 선택하기란 쉽지 않다.

나는 이 문제에 대해 비관적인 견해를 갖고 있다. 그들이 좌파 이론을 버리고 한국사를 다른 관점에서 보지 않을 것이고, 설사 그렇게 한다고 해도 단숨에 역사를 설명하는 다른 길을 찾아내기도 쉽지 않다.

사실 나는 그들이 학문의 세계에서 자신들끼리 모여 무슨 말을 하건 큰 관심은 없다. 나는 그들이 대한민국의 국가적 정체성과 어울리지 않는 관점을 어린 학생들에게 가르치는 것을 포기하기만 하면, 그들이 그들의 놀이터에서 마음껏 뛰어놀게 하는 것에 찬성한다.

### 3류 심리학과 '통일의 꽃'이 드러낸 민낯

좌파에서 우파로 전향한 나의 현재 심리상태에 관해 차정식 교수는 내가 "자신의 과거 행적을 얼룩지게 한 좌파 마르크스주의 유물론을 더욱 더 신랄하게 씹어대고 가혹하게 공격하지 않으면 과거의 이념적 괴물이 다시 출몰해 자기의 존재에 위해를 가할 것처럼 불안해 보였다"고 적었다.

사상적 전향 때문에 내 심리의 이면에는 "배제의 공포심리도 적잖이 작용하는 것 같다"고 그는 진단한다. 나의 심리적 상태를 분석하는 그의 삼류 심리학에 나는 별로 감흥이 없다.

하지만 그가 나를 '배신자로 낙인찍힌 사람'에 비유한 것은 상당히 흥미롭다.

왜냐하면 차정식 교수는 내가 사상적으로 전향한 것을 배신 행위에 비유하기 때문이다.

내가 좌파 사상을 버리고 우파로 돌아선 것은 우리 시대에서는 '용서받지 못할 죄'를 지은 것이고, 나 같은 사람을 가룟 유다와 동급으로 보는 차정식 교수의 관찰은 사실 정확하다. 그는 '정말 이것이 D인지 된장인지' 알지 못하는 사람치고는 매우 예리한 관찰력을 지녔다.

국회의원 배지를 달게 된 임수경 의원이 탈북자 백요셉

씨에게 술에 취해 쏟아낸 말,

"개념 없는 탈북자 ○○가 국회의원인 나한테 함부로 개겨?"
"야, 이 탈북자 ○○들아! 대한민국 왔으면 입 닥치고 조용히 살어. 자꾸만 그 북한 인권인지 하는 이상한 짓 하지 말고!"
"그러다 다친다? 너 몸조심해 이 ○○야!"

등은, 1989년 평양 통일대축전에 전대협 대표로 북한을 방문했던 '통일의 꽃' 임수경의 화장하지 않은 민낯을 그대로 잘 보여준다.

조선민주주의인민공화국을 버리고 대한민국으로 망명한 탈북자들이 그들의 눈에는 '개념 없는' 배신자다. 용서받지 못할 죄를 지은 죄인들이다.

1980년대 「식민지 반봉건 사회론」을 스스로 폐기하고, 대한민국의 경제를 「중진 자본주의」로 새롭게 정의하면서 뉴라이트 운동에 참여한 안병직 교수에게 '사상적 변절자'라는 딱지Label를 붙이고 공격한 사람들은 누구였나? 그들은 바로 사상의 자유를 부르짖는 좌파들이다.

"광화문 네거리에서 김일성 만세를 부를 수 있어야 표현의 자유가 보장된다"(박원순 서울시장의 말씀)는 좌파들이 좌파에서 우파로 전향한 사람들을 배신자로 비난한다.

## 대한민국을 뒤덮은 전체주의의 망령

장신대 일반 게시판에 일련번호 28330의 글을 쓴 본교 출신 송현석 목사는 나에게 "역사학과 교수님들이 함께 의견을 낸 모습에 대해 자신의 개인적인 과거사를 들고 반대하고 나오는 건… 부끄러운 일이다"고 점잖게 타이른다.

그렇다, 그 분에게는 내가 우파로 전향한 것이 '부끄러운 일'이다. 그리고 그는 나에게 "제2의 김영환이라도 되어보겠다는 건가?"라고 묻는다. 목사의 질문치곤 제법 무서운 (!!!) 질문이다.

언제부터 이 나라가 좌파 이념을 버리면 '변절자·배신자·부끄러운 자'가 되는 나라가 되었는가? 도대체 이 나라에는 내가 나의 사상을 마음대로 선택할 자유도 없는 것인가? 내가 '제2의 김영환'이 될 수도 있지, 뭐 어쩌란 말인가?

그렇다. 내가 사는 대한민국은 이제 내가 나의 사상을 내 마음대로 선택할 수도 없는 나라다. 좌파 이념을 버리고 우파가 되면 변절자·배신자 소리를 듣는 나라다. 정말 웃기는 상황이다. 어쩌다 이렇게 되었는가?

대한민국을 덮고 있는 전체주의의 망령, 프롤레타리아에 의한, 프롤레타리아를 위한, 프롤레타리아의 인민민주주의 (속칭 민중민주주의)를 꿈꾸는 망상가妄想家들이 이 땅의 교육계를 활보하는 한, 나는 차정식 교수가 주는 경고, '저쪽 진영에서 이미 날 배신자로 낙인찍었는데'를 깊이 묵상하면서 몸을 사려야 하는가?

정말 웃긴다.

나는 내가 걸어온 길을 부끄럽게 생각한 적이 없다. 나는 내가 살던 그 시대의 상황에 최선을 다해 응답했다. 그 말은 내가 뛰어난 이론가였다는 주장도 아니고, 내가 누구보다 더 뛰어난 투쟁을 했다는 뜻은 더더욱 아니다.

나는 그렇게 좋은 머리를 갖고 태어나지도 않았고, 천성이 소심하고 내성적이고 겁이 많다. 그런 나를 내가 잘 알기에, 나는 내 기준으로 보았을 때 내가 할 수 있는 모든 것을 다했다고 말하는 것이다. 나는 나의 자리에서 내가 옳다고 여기는 것을 지키기 위해 나의 몸을 던졌다.

과거에 대해 아무런 후회도 없고, 원망도 없다. 난 내가 해야만 한다고 생각했던 일을 했고, 그 일로 인해 내가 당했던 약간의 부당한 탄압도 내가 당연히 지불해야 했던 대가로 받아들였다.

그래서 내 마음은 항상 평안하다. 차정식 교수가 염려하는 그런 병리적 심리 문제는 아쉽게도 거의 없었다. 왜냐하면 나는 나 자신에게 떳떳하기 때문이다.

오히려 차정식 교수처럼 당시 학생운동에 직접 참여하지

않은 사람들의 심리 상태가 더 불안해 보인다. 기왕에 심리분석 문제가 나왔으니 나도 어설픈 삼류 심리분석을 한 번 해보려고 한다.

「어서 모여 함께 하나가 되자」 노래를 부르면서 "학우여!"라는 외침을 던지며 어떤 학우가 경찰에 끌려가고 있을 때, 그와 함께 하지 못하는 자신의 비겁을 자책하면서, 방과 후 학교 앞 선술집에서 막걸리에 취해 군부 독재를 욕하던 사람들, 끌려간 친구를 생각하며 눈물을 흘렸던 사람들은 아직도 그들의 내면의 깊은 곳에 '죄의식'이 도사리고 있을지도 모른다.

그들과 함께 하지 못했던 것에 대한 후회, 그들을 향한 연민, 그리고 죄책감이 결국 수많은 386, 486 세대들의 마음 속의 발목을 잡고 있다.

그런 죄의식은 지금도 이념적 좌파들을 향해 열등감을 느끼게 하고, 그들이 한국 사회의 민주화를 위해 형무소에 다녀왔으므로 그들이 하는 모든 말과 행동에 자동적으로 면죄부를 주게 하고, 그들이 공산주의 이념에 물들어 있는 것을 뻔히 보고 알고 있으면서도 차마 "그건 안 돼!"라고 말하지 못하게 한다.

대체 언제까지 그 죄의식에 시달릴 것인가?

좌우 이념적 대립의 문제는 자라나는 세대가 일으킨 문

제가 아니다. 그것은 이미 우리 사회의 '중견'으로 자리 잡은 세대들이 갖고 있는 문제다. 그런 점에서 차정식 교수가 나를 '중견 교수'라고 부른 것은 적절하다.

우리가 대한민국의 중견 시민이므로 이제 우리 중견 시민들의 선에서 지금 이 문제를 마무리해야 한다. 그렇지 않으면 평균 수명이 아흔 가까이 길어질 미래에 386, 486 세대는 죽을 때까지 앞으로 40년 동안 이 싸움을 해야 한다.

그런 의미에서 국정화냐, 검인정 제도냐 이 선택은 큰 의미가 없다. 지금은 친일 청산이 중요한 시점이 아니고, 좌파 이념의 청산이 더 절실한 시점이다.

끝으로 차정식 교수의 '구원 등판'에 진심으로 감사한다.

2015년 11월 4일

**세 번째 글**

# "2015년을 살아 달라"는 박영 학생의 부탁과 2015년의 한국문화 분석

## 학생들의 지적(知的) 미성숙

11월 4일 나의 두 번째 글이 장신대 일반 게시판에 올라가자마자 적지 않은 학생들의 댓글이 올라왔다. 그 중 임준형 학생은 "학생들의 질문에 대한 대답은 어디 있습니까? 게시판에 써놓은 학생들의 질문에는 대답할 가치를 못 느끼셨는지요? 왜 개인 SNS에 쓰신 차정식 교수의 글에는 장문의 답변을 하시고, 교수님의 글을 정독하고 반박하는 학생들의 글은 외면하십니까?"라고 물었다.

내가 차 교수가 쓴 글에도 대답을 했다면, 그보다 더 수준이 높은 학생들의 글에는 당연히 대답하는 것이 옳지 않느냐는 말이다. 올바른 지적이다. "이제 그 정도 말했으면 됐으니 그만 하시라"는 주변 교수님들의 충고에도 불구하고, 이미 이 토론에서 나의 침묵은 미덕이 아닌, 비난과 고발의 사유가 되어버렸다.

사실 나는 모든 댓글을 다 정독했다. 댓글 중에 내가 '대답할 가치를' 느끼게 하는 글들을 찾기는 그리 쉽지 않았다. 솔직히 말해 댓글을 단 상당수의 학생들의 논리적 사고능력과 작문 능력은 예상했던 것처럼 수준이 낮았다. 그것은 요즘 학생들 상당수가 손가락으로 핸드폰을 만지작거리며 쓰레기 수준의 글들이 즐비한 인터넷의 바다를 항해하는데 자신의 인생뿐만 아니라 수업시간을 낭비하기 때문일 수도 있다.

아니면 그동안 중고등학교, 대학교를 거치면서 교과서를 암기해서 성적을 받는 주입식 교육을 통해 달콤한 '부드러운 음식'을 먹는 것에만 익숙하게 된 나머지, 역사와 정치이념과 같은 씁쓸하고 '단단한 인문학'을 입 안에 넣는 것이 그들에게 너무나 생소한 경험이기 때문일 수도 있다.

만약 "수고하셨습니다. 제 점수는요…" 그 뒤에 내가 불러주는 두 자리 숫자가 너무 짜다고 느껴진다면, 그것은 신학대학원에 만연하는 학점 인플레이션이 주는 꿀맛에 학생들이 너무 오래 중독되어 자신의 지적 능력과 작문 실력이 정말로 A학점이라고 과신過信하기 때문일 수도 있다.

미래 교회의 목회자와 기독교 지도자를 양성하는 학교의 교수로서 내가 갖게 된 작은 소망은 부디 이런 지적知的 미성숙 속에 있는 학생들이 전체 학생들 중 극히 일부이기만을 바라는 것이다. 그러나 그런 소망을 품고 있는 것만으로 불충분하다.

나는 참다운 기독교 지성인을 만드는 교육의 길에 이미 들어섰다. 교육Pedagogy의 길은 반드시 무지無知의 터널을 통과해야 하고, 내가 입을 다물고 그 터널을 지나갈 수는 없다. 다행스러운 것은 나는 처음부터 전혀 침묵을 지킬 뜻이 없다는 것이며, 아직도 할 말이 너무나 많다는 것이다.

### 다양성의 신화(神話)

내가 읽은 댓글들 가운데 분량이 적지 않으면서 어느 정도 진실성Sincerity을 갖고 질문을 던진 사람은 '박영'이라는 학생이다. 나는 이 글에서 그가 던져놓은 정리되지 않은 많은 질문들 중 일부에 대해 답하려고 한다. 그 첫 번째 주제는 '다양성'의 신화神話다. 그는 이렇게 질문한다.

"설령 그런 검인정 교과서의 좌편향적인 기술이 문제가 된다고 한들, 교수님이 주장한 사고의 다양성이라는 측면에서 그것을 막아서는 절대 안 되는 것입니다. 검인정 교과서의 문제점들을 보완하고 견제할 여러 정책들을 손보는 것이 우선이지, 좌편향 되었으니 국정으로 통일하자는 것은 결국 사고의 다양성을 막겠다는 것과 무엇이 차이가 있습니까?"

이 질문에서 다양성은 결코 훼손되어서는 안 되는 절대적인 가치를 갖고 있는 그 무엇이다. 그것이 사고의 다양성이건 검인정 교과서의 다양성이건, 다양성을 없애는 것은 그에게는 절대악絕對惡이다.

국정 교과서는 한 권이고, 검인정 교과서는 일곱 권이다. 그렇다면 '일곱'은 선하고 '하나'는 악한 것인가? 그 교과서의 내용이 어떻든 상관없이 '일곱'은 절대선絕對善이고, '하나'는 절대악絕對惡인가? 국정화를 지지하는 나는 '하나'가 절대적 선이기 때문에 국정화를 지지하는 것인가?

교과서를 둘러싼 이 논쟁은 현재 사용 중인 검인정 교과서의 '내용과는 상관없는' 논쟁이 아니다. 하나냐 일곱이냐의 문제가 아니다. 내가 지적하는 문제는 일곱 개의 교과서의 내용에 심각한 문제가 있다는 것이다. 그것이 하나건 일곱이건 내용이 잘못되어 있기 때문에 나는 이 책들을 사용하면 안 된다고 주장하는 것이다.

장신대 학생회 임원들이 디자인하여 교문 입구에 걸어 놓은 국정 교과서 반대 현수막, 「복음서도 네 개나 있는데…」는 촌철살인寸鐵殺人의 재치가 엿보이는 수작秀作처럼 보이지만, 이 현수막은 대중을 오도誤導하고 있다.

나는 「복음서도 네 개나 있는데…」라는 현수막 바로 위에 「도마복음은 퇴출되었는데…」 혹은 「『사도행전』은 하나뿐인데…」라는 현수막을 만들어 걸고 싶은 욕망과 한동안 맞서 싸워야만 했다.

교회 역사상 신약성경의 정경Canon正經을 결정하기 위해 교회는 한 번도 회의를 소집하여 논의하고 결정한 적이 없다. 초대 교회 안에서는 네 개의 복음서 외에도 『히브리복음Gospel of Hebrew』 『베드로복음Gospel of Peter』같은 책들을 한동안 사용하고 있었다.

그러나 이런 책들은 초대 교회에서 결국 퇴출되고 말았다. 만약 다양성이 그토록 중요한 덕목이라면 초대 교회가 이런 책들을 정경에서 제외시킨 건 범죄행위가 아닌가? 다양성을 위해 이런 복음서들을 포함했어야 하는 것이 아닌가? 그 이유를 알아야 한다.

## 복음과 신앙 고백의 기준이 된 '통일성'

초대 교회는 다양성Diversity만 본 것이 아니라 복음서들 사이의 통일성Unity을 더 중요하게 생각했다. 그 통일성은 곧 초대 교회가 갖고 있는 복음과 신앙 고백의 기준이다. 그 기준과 부합하는 책들은 정경 안에 포함시켰고, 부합하지 않은 책들은 제외시켰다. 만약 그 기준에 맞는 복음서가 한 권뿐이었다면 어떻게 되었을까? 당연히 그 한 권만 정경에 포함시켰을 것이다.

우리에게 한 개가 아니라 네 개의 복음서가 있다는 것은 축복이다. 네 개의 복음서는 각각 다른 다양한 관점에서 예수 그리스도를 묘사한다. 하지만 이 다양한 네 개의 복음서 안에는 다양성만 중요한 것이 아니다. 다양성만큼 통일성도 중요하다. 「복음서도 네 개나 있는데…」는 다양성만 보고 통일성은 보지 않고, 넷이란 숫자를 절대선絶對善으로 우상화한다.

뿐만 아니라 초대 교회에는 『도마행전Acts of Thomas』 『마태행전Acts of Matthew』 『베드로행전Acts of Peter』 『바울과 쎄클라 행전Acts of Paul and Thecla』 등 다양한 행전들이 교회 안에서 읽혀지고 있었다. 그러나 교회는 이런 다양한 행전들을 모두 퇴출시키고 오직 『사도행전』만을 정경에 포함시켰다.

다양성이 그토록 중요한 것이라면 초대 교회는 왜 『사도행전』 단 한 권만을 정경으로 삼았나? 이것은 '국정화'에 버금가는 죄악을 저지른 것이며, 비난 받아야 될 일인가? 다양성이 그렇게 중요한 가치를 갖고 있다면 신학대학원 학생회 임원들은 지금 당장 위의 행전들을 정경에 포함시킬 것을 세계 교회를 향해 요구할 것을 고려해보길 바란다.

초대 교회가 복음과 교회의 시작에 관한 역사적 기록을 나름대로 절대적 기준을 갖고 평가하고, 자신들의 기준에 부합하지 않는 내용의 책들은 정경 목록에서 퇴출시킨 것은 내가 보기엔 정당한 결정이었다. 「복음서도 네 개나 있는데…」라는 현수막을 만들기 전에 이런 교회의 역사에 대해 한 번이라도 생각해보았는가?

왜 하나만 알고 둘은 생각하지 않는가? 다양성이 중요한 만큼 통일성도 중요하다는 생각은 왜 못하는가? 「복음서도 네 개나 있는데…」라는 현수막을 만들고, 그것에 박수를 치며, SNS로 부지런히 퍼서 나른 학생들은 정경의 형성 과정을 이해하기 위해 단 1시간이라도 투자하여 개론서를 읽어보기나 했는가? 자신의 무지를 이렇게 드러내면서 온 세상에 이 학교의 지적, 신학적 수준의 열등함을 그렇게 자랑해야만 했는가? 나는 이 학교의 교수인 것이 다시 한 번 부끄럽다.

다양성은 현대의 상대주의Relativism 문화에서 최고의 찬양을 받는 덕목이다. 하지만 다양성 그 자체가 절대적인 가치를 갖고 있는 것은 아니다. 절대적인 기준과 테두리 안에서 다양성이 발휘될 때 다양성은 그 참된 가치를 발현하게 된다. 절대적 기준이 없는 다양성은 결국 무한대의 다양한 견해의 집합일 뿐이며, 이것은 사상적 무정부주의로 귀결된다. 심지어 공산주의자들도 정치적 무정부주의Anarchism와 사상적 무정부주의에 반대한다.

나는 다양성을 인정한다. 내가 인정하는 다양성은 아무런 절대적 기준도 없는 무분별한 다양성이 아니다. 내가 주장하는 다양성은 절대적 기준의 테두리 안에서 허용되는 다양성이다. 한국사 교과서의 다양성은 대한민국이 지향하는 국가적 이념과 정체政體를 인정하고 그 테두리 안에서 발현될 때, 비로소 그 가치가 긍정적으로 나타난다. 나는 다양성을 중요하게 생각하는 모든 애국시민들에게 호소한다.

> "다양성이 중요하지만 그보다 더 중요한 것이 있습니다. 대한민국이 갖고 있는 절대적 가치, 자유민주주의를 부정하는 다양성은 퇴출되어야 합니다."

작금의 교과서 논쟁에서 다양성의 깃발을 흔드는 사람들

은 마치 상대주의의 기수旗手처럼 보이지만, 그들에게 다양성은 이제 그들의 우상偶像이고 신神이다. 그들은 이미 다양성을 절대화함으로 상대주의를 배신한 변절자들이 되었다. 이미 한국 국사학계에서는 다양성이 사라진 지 오래다. 며칠 전 어느 일간지 기자가 나에게 전화로 물었다.

> "국정 교과서 집필진을 구성하는 과정에서 대부분의 역사학자들이 집필을 사양하고 있어서 필진을 구성하는데 어려움이 있다고 합니다. 어떻게 생각하시는지요?"

나는 이렇게 대답했다.

> "그렇다면 그것은 국사학계가 매우 건강하지 못한 학문적 풍토 속에 있다는 증거입니다. 유물론적 역사관의 입장에 서서 근현대사를 보지 않으면 무식한 사람이 되는 학문적 분위기라면, 국사학계는 이미 병들었고 중병 상태입니다. 이런 병든 사람들이 쓴 교과서는 자라는 세대를 병들게 합니다."

역사에 대한 다양한 관점을 거부하고 다양성을 오래 전에 퇴출시켜 놓고도, 그들은 지금 뻔뻔스럽게 다양성의 깃발을 흔들면서 "다양성을 인정하라!"고 구호를 외친다. 세상에서 가장 듣기 역겨운 말은 정의롭지 못한 사람들이 정의로운 사회를 건설하겠다는 것이고(정의구현사제단; 인권 부재의 북한에 가서는 인권에 침묵하고, 남한에서는 인권을 부르짖는 위선자들), 두 번째는 다양성을 인정하지 않는 인간들이 다양성을 수호하겠다는 것이다(검인정 역사학자들). 검인정 역사학자들은 정의구현사제단 같은 분들이며, 이것은 내가 할 수 있는 최고의 욕설이다.

### 비관론의 신화

검인정 교과서는 그 내용이 천편일률적이고 다양하지 않다. 검인정 교과서는 자신과 견해가 다른 교학사 교과서를 학살虐殺함으로 다양성을 철저하게 퇴출시켰다. 이제 검인정 교과서를 퇴출하지 않고, 마르크스주의 역사관의 독재獨裁 아래에서 우리가 다양성을 회복할 수 있는 길은 없다. 이 문제를 해결하기 위해 적지 않은 밤을 깊은 고민으로 보냈을 박근혜 대통령의 고뇌에 동감하며 나는 국정화를 위한 대통령의 결단에 감사한다.

나는 일단 국정 교과서를 만들고 앞으로 기회를 보아 단계적으로 검인정으로 전환하는 것도 정부가 검토할 필요가 있다고 본다. 단, 절대로 양보할 수 없는 한 가지 조건이 있다. 그 조건은 앞으로 두 번 다시 유물사관唯物史觀을 주입하는 교과서가 검인정 안에 들어오지 않게끔 철저하게 검증할 수 있는 사람들로 검인정 심사를 한다는 것이다.

그렇게 함으로써 우리는 건강하고 다양한 역사 교과서로 다음 세대를 교육할 수 있게 될 것이다. 자라나는 세대가 인문학 공부의 한 부분으로서 공산주의 이념과 역사관에 대해 배울 필요는 있다. 나는 이 교육이 필요하다고 확신한다. 하지만 나는 아직 자율적 판단을 할 수 있는 능력이 미성숙한 중고등학교 학생들에게 이념을 현재의 검인정 역사 교과서를 사용하여 주입시키는 것에 반대한다.

이념 교육은 대학에 가서 얼마든지 교양 교육을 통해 할 수 있고, 그 때에는 찬반양론이 균형 잡힌 인문학 교과과정을 통해 가르칠 수 있다. 그러므로 현재의 검인정 교과서는 하루라도 빨리 퇴출시키는 것이 필요하다.

나는 공산주의에 겁먹은 사람이 아니다. 박영 학생처럼 나를 향해 '레드 콤플렉스'를 운운하는 것에 나는 미소를 지을 뿐이다. 나는 공산주의나 빨간색에 콤플렉스를 갖고 있지 않다. 콤플렉스는 '공산주의자(빨갱이)'를 공산주의자(빨갱이)라고 부르지 않는 사람들에게 발견되는 현상이며, 나는 빨간색을 빨간색이라고 말하므로 나에겐 레드 콤플렉스가 없다. 나는 '아버지를 아버지라 부르지 못하고 형을 형이라 부르지 못하는' 홍길동이 아니다.

박영 학생이 제기한 두 번째 문제는 좌편향 된 교과서로 좌편향 된 학생들을 만들어 낼 수 없다는 비관론悲觀論의 신화神話다. 그의 비관적 견해를 먼저 들어보자.

> "단순히 나열된 단어들과 좌편향 된? 시야가 과연 중고등학생들의 역사관에 큰 영향을 미칠 수 있다고 보십니까? (중략) 그리고 솔직히 서울대 국사학과 출신(인 차정식 교수)도 해석하지 못한 부분을 중고등학생들이 그 뜻을 파악하고 해석하여 계급투쟁을 꿈꾸고, 프롤레타리아 혁명을 일으켜야겠다는 의식화 교육이 가능하다고 보십니까?"

이 의견은 설사 교과서에 문제가 있다하더라도 그 교과서가 학생들에게 아무런 영향을 끼치지 않을 것이라는 주장이다. "문제가 있더라도 문제가 없을 것이다(?)"는 묘한 주장 자체도 문제가 있지만 일단 넘어가자. 이 견해는 검인정 교과서를 만들고, 학생들에게 좌파 이념을 심어주려고 노력하는 사람들의 활동에 대해서는 매우 비관적이다.

그래봐야 학생들을 자기편으로 만들 수 없다는 것이다. 그렇기 때문에 '괜찮다'는 것이다. 여기에서 그의 입장은 갑

자기 낙관론Optimism으로 끝난다. 이런 낙관론과 비관론을 기묘하게 조합한 정신분열적 주장에 대해 나는 어떻게 대답해야 할까?

이 질문에 대한 답은 의외로 간단하다. 왜냐하면 지난 10월 17일, 서울 종로구 인사동에서 열린 「역사 교과서 국정화 반대 청소년 2차 거리행동」에 참가한 김포 통진고등학교 3학년 전혜린 학생(이하에서 '통진 소녀'라고 부르기로 하자)이 위의 질문에 대해 매우 정확하고 적절한 대답을 했기 때문이다. 인근의 정부서울청사 앞에서 시위를 마친 뒤 미디어와 가진 인터뷰 동영상에서 통진 소녀는 기자가 "마지막으로 하고 싶은 말이 있으면 하라"고 권하자 아래와 같이 말했다.

> "지금 이 동영상을 보고 계신 분들이 강력한 힘을 가진 부르주아 계급일지 모르겠습니다. 저는 프롤레타리아 계급입니다. 하지만 사회구조와 모순을 바꿀 수 있는 건 오직 프롤레타리아 레볼루션(혁명) 뿐입니다."

유튜브Youtube 동영상에 있는 통진 소녀의 겉모습만 놓고 보면 프롤레타리아보다는 외려 부르주아에 더 가까워 보인다. 하지만 본인이 자신을 '프롤레타리아 계급'이라고 주장하므로 우리가 그 주장을 거부할 수는 없다.

### 살아서 걸어다니는 증거, '통진 소녀'

내가 쓴 첫 번째 글에서 나는 검인정 교과서에서 반복적으로 사용되고 있는 공산주의 역사관의 용어들이 학생들에게 유물론적인 역사관을 심어준다고 주장했다. 또 두 번째 글에서는 유물론적 역사관이 결국 공산주의 혁명을 통해 우리 사회가 이행移行해야 한다는 당위성을 학생들에게 심어 준다고 주장했다.

통진 소녀는 내 주장이 옳았고, 박영 학생의 낙관론이 틀렸다는 것을 보여주는 살아서 걸어 다니는 증거다. 굳이 대단한 상상력을 동원하지 않아도 우리는 박영 학생과 통진 소녀가 만났을 경우, 아래와 같이 묻고 대답하는 장면을 쉽게 상상할 수 있다.

박영 "단순히 나열된 단어들과 좌편향 된(?) 시야가 과연 중고등학생들의 역사관에 큰 영향을 미칠 수 있다고 보십니까?"

통진소녀 "네, 영향을 줍니다. 저를 보시고도 모르시겠어요?"

박영 "서울대 국사학과 출신도 해석하지 못한 부분을 중고등학생들이 그 뜻을 파악하고 해석하여 계급투쟁을 꿈꾸고, 프롤레타리아 혁명을 일으켜야겠다는 의식화 교육이 가능하다고 보십니까?"

통진 소녀 "네, 가능합니다. 오빠는 지금 중고등학생의 이해 능력을 우습게 보는 거 같은데요? 저는 교과서의 뜻을 정확히 파악하여 해석하고 있고, 계급투쟁을 꿈꾸며, 프롤레타리아 혁명만이 사회문제를 해결하는 유일한 길이라고 보고 있어요, 오빠."

박영 "좌파 지식인들이 의도한 의식화 교육이 실패나 마찬가지란 소리입니다. 왜 그럴까요? 중고등학생들에게는 그것을 해석할 시간적 여유와 심화적인 학습이 불가능하기 때문입니다. 그리고 그것은 한국의 교육은 철저한 입시위주의 교육이지, 그런 스스로 생각할 시간과 수업을 제공하지 않습니다. 이게 대한민국 교육의 현실입니다."

통진 소녀 "그렇지 않아요, 오빠. 스스로 생각할 충분한 시간과 수업이 제공되고, 심화된 학습이 이미 잘 되었어요. 제가 보기에 대한민국 교육의 현실을 정확하게 모르는 사람은 김철홍 교수가 아니라 오빠예요."

박영 "이념 전쟁은 끝이 난 시대입니다. 이런 시대에서 자라난 저와 같은 20대는 아무리 자본론을 연구하고 공부한다고 하더라도 혁명을 꿈꾸는 것은 요원한 일입니다. 이미 마르크시즘의 한계와 효용을 누가 가르쳐주지 않아도 저절로 시대가 체득하게 해주니까 말이죠."

**통진 소녀** "이념 전쟁이 끝났다고요? 누가 그래요? 부르주아와 프롤레타리아 사이의 전쟁은 지금 진행형입니다. 마르크시즘의 효용은 제가 저절로 체득하게 된 게 아니죠. 선생님들이 잘 가르쳐주셔서 아는 겁니다. 참고로 저희 학교 역사 선생님 두 분은 전교조 소속이에요. 마르크시즘의 한계라고요? 그런 건 없어요. 혹시 오빠도 강력한 힘을 가진 부르주아?"

나는 개인적으로 통진고등학교 일부 선생님들께서 범한 실수에 진심으로 감사한다. 그 분들의 실수는 고등학교 학생들에게 필요 이상으로 사상 교육을 시킨 것이다. 고구마를 적당히 구워야 하는데, 너무 많이 구워서 타버렸다.

사실 전교조 교사들이 모든 고등학생들을 '프롤레타리아 혁명의 전사' 양성을 목표로 하는 것은 아니다. 나는 박영 학생이 지적하듯이 '대한민국 국민의 대부분이 좌파'라고 보지도 않고, 검인정 교과서로 교육받은 모든 학생이 다 좌파가 된다고 생각하지도 않는다. 좌파들은 검인정 교과서를 사용하여 어린 학생들을 사회주의 이념에 친화적인 Socialism friendly 시민들을 만들기만 해도 대성공이다.

곧 모두를 혁명전사로 만들 수도 없고, 그럴 필요도 없다. 혁명의 전사들은 이미 만들어졌고, 그 숫자도 충분하다. 그러나 그 선생님들은 의욕이 넘쳤고, 결국 수줍은 통진 소녀의 입으로 국정화가 왜 필요한지를 폭로하게 했다. 국정 교과서를 지지하는 나는 통진 소녀의 말을 듣고 환호하였다.

통진 소녀의 한 마디는 객관적인 증거이므로 나의 백 마디 주장보다 더 가치 있기 때문이다. 다른 전교조 교사들과 좌파 진영 전체로부터 받을 따가운 눈총과 비난에 평생 시달릴 그 선생님들을 생각하면 물론 마음이 아프지만, 통진 소녀라는 든든한 아군我軍을 얻은 그 기쁨을 생각하면 그 정도의 아픔은 참을 수 있을 듯하다. 박영 학생은 나에게 이렇게 말했다.

> "그리고 교수님이 말씀하신 것이 사실이라면, 죄송하지만 2015년의 현실을 모르시는 것 같습니다."

과연 그럴까? 나는 2015년의 한국 사회의 문화적 현실을 전혀 읽을 줄 모르는 문화적 문맹 상태에 있는 걸까? 천만의 말씀이다. 문화적 문맹 상태에 있는 것은 내가 아니라 박영 학생이다. 이제 우리는 이 글의 세 번째 주제인 '문화 읽기'의 영역으로 옮겨가야 한다. 왜냐하면 이 학생이 나의 '정세政勢' 판단이 틀렸다고 주장하기 때문이다.

## 2015년을 읽지 못하는 문화적 문맹(文盲)?

사실 나는 남조선에서의 공산혁명을 위해 한 때 내 목숨을 내어놓은 적이 있다. 혁명 전사의 중요한 덕목은 지금이 혁명의 간조기干潮期인지 아니면 만조기滿潮期인지, 정세를 정확하게 판단하여 시기에 맞는 투쟁 전략을 세우고 매일 점검하는 것이다. 나는 그런 자질을 갖추기 위해 노력했고, 사상적 전향 이후에도 정세를 판단하는 나의 못된 옛 습관은 쉽게 없어지지 않았다.

특히 계급투쟁에서 문화를 이해하는 것은 매우 중요하다. 나는 대학시절 사회주의 예술론과 관련된 다양한 책을 읽으며 문화를 이해하기 위해 노력했다.

레닌이 쓴 프롤레타리아 예술에 관한 소고小考를 포함하여, 해석학을 정치학의 수준으로 고양시켜 유럽 전체의 사회주의 문화예술론의 기초를 놓은 지외르지 루카치György Lukács, 구조주의Structuralism를 공산주의 이념에 연결시킨 루이 알튀세르Louis Althusser, 예술과 문화의 영역을 혁명적 투쟁의 장소로 재조명한 안토니오 그람시Antonio Gramsci, 연극 무대를 마당으로 이해하고 서사극이라는 종합예술의 장르를 개발한 베르톨트 브레히트Bertolt Brecht의 글들은 물론 시, 소설, 연극, 영화, 가요, 그림 등 예술의 역사를 공부했다.

현대 인문학의 가장 중요한 논쟁인 구조주의와 해석학 사이의 긴 논쟁, 즉 소쉬르Ferdinand de Saussure의 기호언어학에서 출발하여 레비-스트로스Claude Lévi-Strauss의 구조인류학을 거쳐 폴 리꾀르Paul Ricoeur의 해석학에 이르기까지, 그들 사이에서 벌어진 '기호記號'와 '구조', '구조'와 '역사', '현상'과 '본질,' '의미'와 '담론Discourse', '상징'과 '해석'을 둘러싼 다소 복잡한 논쟁을 공부했다.

당시 이런 이론들을 공부한 것은 공산주의 혁명에서 문화와 예술이 갖고 있는 잠재력을 활용하여 인민 대중에게 사회주의 이념을 단순한 정치 이론이 아니라, 그들이 직접 삶 속에서 생생한 '스토리'로 경험할 수 있도록 하는 것이 필요하다고 판단했기 때문이다.

단언컨대 2015년을 읽지 못하는 문화적 문맹이 되기에 나는 문화에 대해 이미 지나치게 많은 것을 알고 있다. 나를 포함하여 좌파 예술론을 공부한 사람들의 문화를 읽는 능력은 박영 학생이 상상하는 것처럼 그렇게 흐리멍덩하지 않다.

우리는 그 때 이미 역사를 움직이는 것은 하부구조Sub-structure이지만, 상부구조Super-structure에 포함되는 인간의 의식Consciousness이 갖고 있는 창조적인 힘에 주목했다. 우리는 인간의 의식이 하부구조의 변화, 즉 자본제 사회에서 사회주의 사회로의 이행에 결정적인 역할을 할 수 있다는 것을 간파하고 있었다.

### 대학가에 등장한 반제(反帝) 문서

그래서 나는 한 때 영화감독이 되려고 했던 적이 있다. 군대에서 제대한 뒤 1986년에 나는 영화이론을 공부하면서, 당시 혜화동에 있던 소그룹에서 영화제작을 꿈꾸고 있었다. 내가 영화에 매력을 느낀 이유는 영화가 이미지Image를 다루고 있고, 영화는 미술, 문학, 음악 등과 같은 다른 예술 장르와 쉽게 결합되는 종합예술이어서, 짧은 시간에 메시지를 다수의 청중들에게 반복적으로 주입시킬 수 있는 가장 강력한 수단이 될 수 있기 때문이었다.

영화야말로 강력한 기호를 체계적으로 구조화하여 일관된 의미를 담은 담론이 되므로, 현상의 이면에 있는 본질(예를 들면 노동 속에 숨겨진 자본가들의 착취)을 상징적으로 보여주어 청중이 이것을 역사 속에서 해석하여 주체적인 행동으로 나아가게 하는 효과적 선전Propaganda의 수단이 된다. 나는 1987년에 영화에서 손을 떼고 다른 곳으로 갔지만, 그 무렵부터 상당수의 좌파들이 나와 같은 생각을 갖고 충무로에 진출했다.

이런 현상은 단순히 영화 분야에서만 일어난 것이 아니다. 시, 소설, 연극, 영화, 가요, 그림 등 거의 모든 예술과 언론을 포함한 다양한 문화적 매체의 영역에서도 같은 일이 일어났다. 그들은 안토니오 그람시의 주장대로 문화의 각종 영역에 들어가 부르주아 계급이 갖고 있는 문화적 헤게모니(=지배권)를 빼앗고, 그 문화의 영역 속에 진지陣地를 구축하여 자신이 획득한 문화적 헤게모니를 프롤레타리아 혁명을 위해 사용하는 선전, 선동의 전문가가 되기로 결심한 사람들이었다.

1986년은 학생 운동권에 결정적 변화가 일어난 해이기도 하다. 이 해를 기점으로 그 이전에 학생 운동권이 맞서 싸우던 주적主敵이 바뀌었다. 1986년 이전의 투쟁의 주적은 독재 정권이었다. 하지만 이때부터 운동권의 주적은 미 제국주의美帝國主義로 바뀌었다.

1985년 가을부터 대학가에는 소위 '반 제국주의Anti-Imperialism' 문서가 등장했다. 약자로 반제反帝 문서라고 불리는 이 문서들은 현재 남한 인민들의 진정한 적은 독재정권이 아니라 제국주의 국가인 미국이라고 주장했다. 남한은 미국의 식민지며, 미국과 싸워 이기지 못하면 인민 해방은 불가능하다고 주장했다.

이 문서들에서는 내가 그동안 접하지 못했던 생경한 단

어와 표현들이 있었고, 나는 이 문서가 일본에 있는 조총련 계열 사람들을 통해 북한에서 들어온 문서로 추측했다. 나의 추측이 틀리지 않았다는 것이 곧 밝혀졌다.

1986년이 되자 반 제국주의 그룹은 그 가면을 벗었다. 가면 뒤에는 북한의 주체사상이 있었다. 주체사상은 빠른 속도로 퍼져나갔고, 결국 학생, 노동, 문화 운동의 다수파가 되었다. 이후로 문화 예술 분야에는 미국을 주적으로 이해하는 좌파 예술가들이 등장하기 시작했다.

### 급작스럽게 '좌회전' 해버린 한국 영화계

김대중 정부 시절인 1999년에 영화진흥공사를 해산하고 새로운 영화정책 담당기구로서 영화진흥위원회를 설치했다. 이 위원회의 진흥위원으로 문성근과 같은 좌파들이 들어가 김지미, 윤일봉 같은 노배우들을 다 쫓아내는 영화계의 쿠데타가 성공함으로 그들은 충무로에 영화 헤게모니를 잡기 위한 진지를 확보하였다. 이때부터 영화계는 급격하게 좌측으로 돌기 시작했다.

나는 며칠 전 영화진흥위원회 홈페이지에 있는 박스오피스 기준으로 1999~2015년 기간의 역대 흥행작 1위부터

100위까지의 영화 리스트를 검토해보았다. 역시 예상대로 문제 있는 영화들이 상위권에 다수 포진되어 있다는 것을 쉽게 발견할 수 있었다.

역대 대통령 가운데 노무현 대통령을 미화한 「변호인」(12위)이나, 전두환 대통령 암살 계획을 다루는 유치한 내용의 「26년」(100위) 같은 영화는 내용 분석 자체가 시간 낭비이므로 일단 무시하기로 한다. 1980년 광주사태를 다룬 「화려한 휴가」(24위) 같은 노골적인 선동 영화나, 폭력적인 내용으로 반기업적 정서를 만들어내는 강남 좌파 수준인 류승완 감독의 「베테랑」(3위) 같은 저질 영화는(지난 11월 14일 민중 총궐기 포스터의 구호, "박근혜 정권 퇴진, 뒤집자 재벌 세상!"과 비슷한 정도로 저질이다) 미학적 분석의 대상이 되기에는 수준 미달이므로 일단 논의에서 퇴출시키기로 하자.

좌파 무정부주의 테러리스트들의 독립운동을 그린 「암살」(7위, 2015년) 역시 검인정 교과서의 역사 해석 프레임인 좌파 무장 독립운동만이 올바른 독립운동이었음을 선전하는 것이 너무 뚜렷이 보이므로 별도의 분석이 불필요하다. 이런 영화들보다 더 심각한 영화는 관객들의 머리에서 남북 간의 이념적 차이를 지워버리고, 공산주의 이념에 무방비 상태로 만드는 영화들이다.

남과 북의 이념적 경계선을 무너뜨리는 영화로, 그 선두

주자는 「쉬리」(35위, 1999년)로 볼 수 있다. 평생 자기 짝과 함께 살다가 짝이 죽으면 함께 죽는 쉬리라는 물고기를 영화 제목으로 삼은 이 영화에서는 사랑에 빠진 남과 북의 남녀 비밀 첩보원을 통해 남과 북이 '쉬리', 즉 사랑의 짝의 관계 속에 있다는 낭만적인 주제를 아름답게 그려냈다. 북쪽의 공화국은 더 이상 우리의 적이 아니라, 대한민국이 사랑해야 할 짝으로 변신한다.

「쉬리」가 남과 북의 관계를 이성 간의 사랑으로 그렸다면, 그 다음 해인 2000년의 「공동경비구역 JSA」는 남과 북의 관계를 남자끼리의 우정으로 그렸다. 대한민국 육군과 인민군 병사들이 서로 오가면서 휴전선에서 우정을 키워가던 병사들은 지극히 인간적으로 묘사된다. 결국 이념 때문에 서로 총을 쏘고 죽어가는 병사들을 보여주면서 이 영화는 우리의 머릿속에서 남과 북의 이념적 차이와 현재 진행 중인 남북 간의 전쟁을 상상하는 것조차 인간이기를 포기하는 죄악으로 만든다.

「태극기 휘날리며」(10위, 2004년)는 6·25전쟁을 소재로 하면서 전쟁을 친형제 간의 형제애로 승화하고, 「웰컴 투 동막골」(21위, 2005년)은 전쟁을 '팝콘'으로 승화한다. 수류탄이 옥수수 창고에서 터져 옥수수가 팝콘이 되어 눈처럼 내리는 그 순간, 관객들의 머릿속에 있는 모든 반反 공산주의적 사상과 태도를 다 튀겨서 허공으로 날려버린다. 이 영화에서 이념은 설 자리를 아예 얻지 못하고, 우리의 뇌리에서 추방된다.

「한반도」(67위, 2006년)는 통일의 과정에서 남과 북이 일본을 상대로 함께 싸우는 모습을 보여줌으로, 이제 남과 북은 공동의 적과 싸우기 위해 한 몸이 될 미래를 예언한다. 「의형제」(40위, 2010년)와 「은밀하게 위대하게」(26위, 2013년)에서는 아예 남파 간첩이 주인공이다. 이들은 더 이상 우리의 적이 아니고, 친절하고 우리보다 더 나은 인격을 가진 우리의 이웃이다.

## 미국을 악의 근원으로 그린 영화 「괴물」

그러나 이런 모든 작품들을 능가하는, 한국 좌파 영화 역사에 빛나는 수작秀作은 역시 뭐니 뭐니 해도 「괴물」(4위, 2006년)이다. 이 영화에서 미국은 악의 근원으로 묘사된다. 미군부대에서 방류한 독극물이 한강에 흘러들어가 돌연변이가 일어난 괴물 물고기가 등장하여 무차별 인명 살상을 하기 시작한다.

한국 사회에서 '괴물'이란 기호Sign는 그 이전에는 한 번도

'미국'이라는 기호와 연결된 적이 없다. 하지만 봉준호 감독의 영화에서 이제 괴물은 곧 미국을 의미하는 상징이 된다. 괴물이 주인공의 딸인 어린 여자 중학생을 납치하고 괴물의 은신처에 고립된 교복을 입은 여중생이 공포 속에서 떨 때, 관객들은 2002년에 일어난 신효순과 심미선 양, 두 여중생이 미군 장갑차에 깔려 죽은 사건을 자연스럽게 연상하게 된다.

그렇다. 미 제국주의 군대가 우리 아이들을 잔인하게 죽였고, 지금 그 미국이란 괴물은 우리의 딸, 여동생을 포로로 잡고 있다. 영화에서 정부, 군대, 경찰 등 국가의 공권력은 문제를 은폐하고, 문제 해결에 전혀 관심도 없다. 그들은 무능하고 결국 두 젊은 남녀 주인공이 이 문제를 해결하기 위해 동분서주하여, 결국 이 가족이 괴물을 죽이고 우리의 여중생을 구출한다.

민족의 젖줄인 한강에서 괴물을 죽여 제거하는 것은 한반도에서 제국주의 군대인 미군과 미국을 쫓아내는 것이며, 우리의 여동생은 미 제국주의의 포로 상태에서 해방된다. 영화의 마지막 장면인 온 가족이 식탁에 둘러앉아 밥을 먹는 장면은 이제 미국이 떠난 한반도에서 그동안 헤어져 있던 남과 북의 한 가족의 재결합Reunion이며, 진정한 평화의 밥상 공동체의 회복이다.

봉준호 감독의 「괴물」은 영화의 상징과 이야기의 구조

Structure가 잘 짜인 영화다. 이 영화는 영화의 문법과 상징이 갖고 있는 힘을 활용하는 법을 잘 아는 사람이 만든 영화다. 이 영화가 관객 동원 역대 4등(1천300만 명 이상)인 것은 이해할 만하다.

이 영화에서 미국을 괴물로 형상화한 것은 미국을 우리가 싸워 물리쳐야 할 주적이라는 것을 설명하지 않아도 사람들이 자연스럽게 느끼게 한다. 이 영화는 바이러스가 경기도 분당에 퍼져서 분당을 폐쇄한 뒤, 미국이 미군 폭격기를 동원해서 분당을 폭격하려고 한다는 극적 설정을 가진 「감기」 (87위, 2013년) 같은 영화보다 훨씬 더 반미적이다.

반미는 곧 반 제국주의로 연결되고, 반 제국주의 투쟁은 대외적으로 미국과의 싸움이고 대내적으로는 재벌로 상징되는 부르주아 계급과 민주노총으로 상징되는 노동자 사이의 싸움이다. 미군 장갑차에 깔려 죽은 두 여중생과 괴물의 여중생처럼 연약하게 보였던 우리의 딸, 우리의 여동생은 이제 '통진 소녀'처럼 더 이상 연약해보이지 않는 모습으로 우리 앞에 서서 이렇게 말한다.

"여러분들은 강력한 힘을 가진 부르주아 계급이지만 저는 연약한 프롤레타리아 계급입니다. 사회구조와 모순을 바꿀 수 있는 건 오직 프롤레타리아 레볼루션 뿐입니다."

이런 반미 정서가 2008년에는 광우병 난동으로 나타났다. 광우병은 미국을 바이러스의 근원으로 보게 하고, 반 제국주의의 투쟁은 이제 국민의 건강을 지키기 위한 생존의 투쟁이 되었다. 2002년의 효순, 미선이가 죽었을 때 불타오른 반미운동이 2008년 광우병 난동을 거친 뒤에 좌파들은 별다른 반미투쟁의 기회를 잡지 못하고 있다.

### 반미(反美)의 상징 마니아인 박원순 서울시장

흥미로운 것은 박원순 서울시장이 2015년 1월 1일 여의도 한강공원에 높이 3m, 길이 10m, 무게 5톤의 '괴물' 조형물을 설치했다는 점이다. 괴물 조형물은 서울시의 「한강 이야기 만들기 사업」의 일환으로 제작되었고, 밋밋한 한강에 이야기를 입혀 서울의 랜드마크로 만들자는 박원순 시장의 빛나는 아이디어로 1억 8천만 원을 들여 탄생했다.

심지어 서울시는 괴물 사진 콘테스트까지 했다. 영화 「괴물」이 개봉한 지 8년이 지난 시점에 흉측하게 보이는 조형물을 만든 것을 놓고 세금 낭비라는 여러 가지 비판이 있었다. 하지만 박원순 시장은 반미, 반미 제국주의를 상징하는 기호로서 「괴물」 영화의 성공에 열렬히 박수를 보내는 사람이고, 그 시절을 잊지 못해 조형물을 만들었다는 것을 간파한 사람들은 그리 많지 않다.

수도 서울의 시장은 괴수 영화 마니아Mania가 아니라, 반미 상징 마니아다. 그리고 서울의 교육감인 조희연은 "인천 자유공원 맥아더 동상을 아직도 허물지 못하고 있다. (중략) 대중과 사회를 좀 더 급진화해서 뚜렷한 계급의식을 갖도록 해야 한다"고 말하는 사람이기 때문이다(2007년 오마이뉴스 인터뷰에서 발췌). 이런 사람을 향해 공산주의자라고 지적하면 '철 지난 색깔론'이라고 대답하며, 자신이 가진 국가관에 대한 질문에는 침묵한다.

### 역사 전쟁은 문화 전쟁이다

한국사 교과서는 역사에 관한 것이고, 역사는 우리의 시대를 통시적通時的, Diachronic으로 보는 것이라면, 문화는 우리 시대를 공시적共時的, Synchronic으로 관찰하는 것이다. 지나간 역사를 통해 지금의 문화가 형성되었으므로, 현재의 문화를 분석하면 지나간 역사가 보인다.

지금 우리는 교과서 논쟁을 하고 있고, 이 논쟁은 역사 논쟁이다. 역사 논쟁은 본질적으로 이념 논쟁이고, 그래서 지금의 이 싸움은 이념 전쟁이다. 우리 시대에 이념 전쟁은 총, 칼을 갖고 싸우는 전쟁이 아니라, 문화적 매체를 무기로 하여 싸우는 전쟁이다. 그러므로 역사 논쟁은 문화 전쟁이다.

국정이냐 검인정이냐, 현재 교과서 내용에 문제가 있으냐 없느냐, 이 문제를 바라보는 시각이 정반대가 될 수밖에 없는 이유는 역사적 경험 뿐 아니라 문화적 경험이 다르기 때문이다. 내가 이 글에서 1999년부터 현재까지 영화를 예로 하여 보여준 것처럼 교과서만 문제인 것이 아니다.

교과서 문제는 이미 문화의 문제이고, 우리는 모든 예술과 문화 분야에 뿌리 내린 좌파 이념에 충실한 활동가들과 싸워 그들의 진지를 빼앗고, 그들의 손에서 문화적 헤게모니를 빼앗아 오지 못한다면 이 싸움에서 이길 수 없다. 이 싸움은 긴 싸움이고, 전선이 매우 넓은 싸움이다.

좌파 영화감독들은 남녀 간의 사랑을 저속하게 묘사하는 '19금禁' 영화를 잘 만들지 않는다. 왜냐하면 이들은 어린 학생들이 그들의 영화를 보고 공산주의에 대해 경계심을 풀게 하고, 예술의 이름으로 공산주의에 친화적인 사람으로 만들기를 원하기 때문이다. 그들은 영화도 이제 이념 전쟁의 장場으로 만든다.

좌파는 이것이 전쟁이라고 생각하고 영화를 만들고, 우파는 이것이 전쟁이라고 생각하지 않고 영화를 만들지만,

결과는 똑같다. 영화는 이념 전쟁의 전장戰場이다. 공산주의 이념이라는 괴물에 포로로 잡혀 있는 우리의 아들, 딸, 우리의 남동생, 여동생을 구출해오지 못한다면 그들은 머지않아 통진 소녀의 모습으로 우리 앞에 나타날 것이다.

### 지금 우리는 낙동강 전선에 서 있다

영화를 보면서 나는 그냥 낭만에 젖어 감상하고 싶지만, 지금의 정세는 영화를 분석하게 하고 현재 사회 속에서 일어나는 일들을 분석하는 피곤한 일을 하게 만든다. 박영 학생은 나에게 "전 세계적으로 치러졌던 이념 전쟁은 끝이 난 시대입니다"라고 말한다. 그 말은 부분적으로만 옳다. 왜냐하면 아직 한반도에서 이념 전쟁은 끝나지 않았기 때문이다. 박영 학생이 언급한 '마르크시즘의 광기'가 지금 한반도의 문화와 역사를 덮고 있기 때문이다.

그가 말하듯이 나의 '색깔론은 이미 지나버린, 흘러가버린 광기어린 시대와 이념전쟁의 낡은 유산'이길 나도 진심으로 바라지만, 내가 분석한 것처럼 이념 전쟁은 아직 현재진행형이기 때문이다. 우리는 인류의 현대사에서 공산주의 이념과 싸우는 마지막 전쟁터인 이 땅에서 살고 있다.

나는 이 점을 분명히 인식하고 있고, 2015년 이 시점까지 두 눈을 시퍼렇게 뜨고 세상이 돌아가는 것을 꼼꼼히 보면서 살아가고 있다. 나를 문화적 문맹으로 고발하려면 나의 문화 분석이 틀렸다는 것을 증명해야 한다. 나에게 "죄송하지만, 2015년의 현실을 모르시는 것 같습니다"라고 말한 박영 학생을 향한 나의 대답은 이것이다.

> "미안하지만 2015년의 현실을 모르고 사는 사람은 공산주의의 종말을 고한 이 시대를 인정하지 않고 있는 검인정 교과서 저자들이다. 2015년을 모르고 사는 사람은 내가 아니라 바로 박영 학생이다. 제발 부탁이나. 역사와 문화를 읽는 법 좀 배워라."

더불어 나는 우리 학교 '기독교와 문화' 전공 교수님들이 더욱 분발해야 할 필요가 있다고 본다. 왜냐하면 박영 학생 같은 문화적 문맹 상태에 있는 학생들에게 문화 읽는 법을 가르치는 것은 그들의 몫이기 때문이다. 특별히 내가 이 글에서 언급한 좌파 영화들에 대한 본교 '기독교와 문화' 전공 L교수님의 의견이 궁금하다. 왜냐하면 그는 각종 영화 모임에 참여하는 등 영화에 대해 상당히 깊은 조예를 갖고 계신 것처럼 보이기 때문이다.

1950년 대한민국은 북조선 인민민주주의공화국 군대에

쫓겨 낙동강 전선까지 후퇴했다. 낙동강 전선에서 마지막 방어의 교두보를 만들고 인민군과 싸울 때, 우리에게는 더 이상 후퇴할 땅이 없었다. 거기서 후퇴하면 나라를 잃어버린다. 나의 아버지는 당시 고등학교 2학년 학생 학도병으로 제대로 훈련도 받지 못한 채 동네의 친구들과 낙동강 전선에 투입되었다.

65년이 지난 지금 나는 역사 교과서 전선에 서 있다. 나의 아버지는 총을 들고 싸웠지만 나는 펜을 들고 싸운다. 한 가지 다행스러운 것은 나는 훈련도 못 받은 학도병이 아니라는 것이다. 애국세력들은 이미 수도 서울을 빼앗겼고 교과서도 이미 빼앗겼다. 낙동강 전선까지 밀린 애국세력들에게는 이제 더 이상 후퇴할 곳이 없다.

역사 교과서 전선은 우리가 진지를 파고 들어가서 목숨을 걸고 방어해야 할 전선이다. 여기에서 밀리면 이제 우리에게 자유 대한민국은 없어질 지도 모른다. 나는 나의 아버지가 낙동강 전선을 지켰듯이 이 교과서 전선에서 물러나지 않고 지킬 것이다. 그것이 내가 2015년을 제대로 살아가는 방식이다.

2015년 11월 16일

**부록 1**

# 장신대 역사신학 교수들의 성명서

**역사교과서 국정화에 대한 우리의 입장**

박경수

역사학자 단재 신채호 선생은 "역사를 잊은 민족에게는 미래가 없다"고 가르쳤습니다. 현재 진행 중인 역사교과서 국정화 논란과 관련하여, 우리는 정부가 역사를 독점하거나 미화하거나 왜곡하려는 일체의 시도를 즉각 중단할 것을 촉구하면서 우리의 입장을 밝히는 바입니다.

## 역사교과서 국정화 추진에 대한 우리의 입장

우리는 신앙과 양심의 자유를 정체성의 근간으로 삼는 장로교 소속 교단신학교인 장로회신학대학교 역사신학 교수로서, 현재 진행되고 있는 '역사교과서 국정화 추진'(이하 국정화) 사태에 대하여 다음과 같이 입장을 밝힌다.

우리는 신앙인으로서, 국정화를 반대한다. 우리가 속한 개신교는 일방적인 진리주장이 얼마나 위험하며 자기혁신에 무능할 수 있는지를 경험하였다. 개신교는 불의와 위선에 맞서 언제나 당당하게 자기입장을 주장함으로써 진리를 수호하였고 개혁을 이루었다. 따라서 국정화에 대해서도 우리의 의견을 밝히는 것은 혼란을 가중시키는 것이 아니라, 오히려 사태를 바로잡는 일임을 깊이 인식한다. 최선의 해결책은 다양한 의견 개진을 격려하는 한편, 비판을 통한 개혁과 발전을 추구하는 것이다.

우리는 학자로서, 국정화를 반대한다. 예부터 오늘에 이르기까지 인류의 발전, 특히 학문의 발전이 다양한 사고 개발과 자유로운 의사 개진에 힘입어 왔다는 것은 자명한 사실이다. 국정화는 사고의 획일화를 초래할 전근대적인 조치로, 이는 역사발전에 역행하는 시대착오적인 태도이며,

한국 사회와 한국 학계의 문제해결 능력 및 자정능력을 불신하는 입장이다. 최선의 해결책은 사고의 다양성을 통제하는 것이 아니라, 오히려 활성화를 통한 건전한 견제와 균형이다.

우리는 국민으로서, 국정화를 반대한다. 자랑스러운 한국역사 가운데, 조선왕조는 역사서술과 왕권의 철저한 분리를 통하여 국가경영을 도모한 바 있다. 우리 민족은 격동의 근현대사를 다함께 인내와 관용으로 감당하면서 오늘날의 발전을 이루어냈다. 이를 계승하여 현 정부는 국가발전을 위해 내세운 국민통합과 창조성을 실현하는 일에 더욱 매진할 과제를 안고 있다. 최선의 해결책은 역사 기록을 정부가 주도할 것이 아니라, 역사가의 전문성과 자율성에 맡기는 것이다.

"진리를 알지니 진리가 너희를 자유롭게 하리라."(요한복음 8장 32절)

2015년 10월 23일

장로회신학대학교 역사신학 교수 일동

임희국, 서원모, 박경수, 안교성, 이치만, 김석주, 손은실

**부록 2**

# 「사상적 전향의 그늘」

**차정식** /한일장신대 교수

　유학시절 만난 모 백인 성서신학 교수는 미국 남부 미시시피주의 근본주의 신앙 토양에서 자라나 예일대, 시카고대, 튀빙엔대의 학문 수련을 거치며 그 뿌리를 잘라버리고 이른바 '자유주의' 신학 진영에서 잔뼈가 굵은 인물이었다.

　그는 지적으로 명민한 학자였고 유능한 선생이었지만, 가까이 교유하면서 경험한 그의 품성적 도량이나 인격의 세계는 협량하고 유치하기 이를 데 없었다. 특히 그가 몽매한 채 기만당했다고 여긴 왕년의 보수주의 신앙 관점을 대하는 그의 태도는 냉소와 저주의 극치를 달리곤 했다.

　그 신학사상적 전향과 단절의 사실을 명토박아 종종 선언하지 않으면 그는 구원받지 못할 사람처럼 처절해보였다.

무엇이 그를 그렇게 범사에 절박하게 한 걸까.

오늘 아침 모 신학대의 중견 교수 한 분이 동료 교수들의 역사 교과서 국정화 반대 선언문을 조목조목 장황하게 비판하는 글을 읽고 정반대의 방향으로 사상적 전향을 한 학자가 그 굴절된 내면의 그늘을 드러내는 것 같아 씁쓸했다. 그는 대학시절 운동권에 몸담고 마르크스의 『자본론』을 비롯한 공산주의 이념 서적으로 의식화 교육을 받으며 투쟁하다가, 이후 미국으로 유학 가서 바울신학을 통해 좌파에서 우파로 사상적 전향을 했다고 고백했다.

아울러 그는 해방 전후사의 격랑 속에 남한 정부의 대한민국 건설과 그 체제가 옹호해온 자유민주주의의 이념적 정당성을 수긍하는 측과 북한의 인민민주주의 이념에 동조하는 측을 간편히 양분하여 국정 교과서지지 세력은 전자의 범주로, 그 반대세력은 후자의 범주로 연계시키는 성급한 단순화의 문제를 노출했다.

뿐더러 그는 한 역사 교과서에 사용된 다양한 용어를 길게 나열하면서 그것이 현재 검인정 교과서가 북한식 유물사관에 오염돼 있다는 증거라고 성토했다. 그 용어의 상당수가 가령 김용섭 교수의 「경영형 부농」처럼 역사학자가 해석을 위해 고안한 개념이 아니라 당대의 신문에 나온 사실적 개념들인데 말이다. 이념적 이분법에 압도돼 역사 해석의 기본인 '실증'을 소외시킨 결과로 보였다.

그는 충량한 우파 이념의 대변자로서 자신의 과거 행적을 얼룩지게 한 좌파 마르크스주의 유물론을 더욱 더 신랄하게 씹어대고 가혹하게 공격하지 않으면, 과거의 이념적 괴물이 다시 출몰해 자기의 존재에 위해를 가할 것처럼 불안해 보였다. 아니면 남들이 자기의 보수 우파적 전향을 충분히 믿어주지 않을까봐 선명성을 부각시키려 더 길길이 날뛰는 건 아닐까 하는 의심마저 들었다.

나는 현행 역사 교과서를 냉정히 검증하기 위해 그것들을 구입해 읽고 분석한 그의 열정에 탄복하고 존경스런 맘이 들면서도, 그러나 그의 사상적 전향에 또 다른 트라우마의 그늘을 대하는 씁쓸한 뒷맛은 어쩔 수 없었다.

며칠 전 동료 박영호Young-Ho Park 교수님이 개혁파로 입신하였다가 보수반동으로 돌아서는 사람들의 공통된 특성 중 하나로 꾸준한 공부의 결여를 탁월한 말빨 속에 감추려 하는 경향을 예리하게 지적했는데, 내 보기에 이러저러한 사상적 전향의 이면에는 배제의 공포 심리도 적잖이 작용하는 것 같다.

저쪽 진영에서 이미 날 배신자로 낙인찍었는데 이쪽 진영에서 날 확고하게 믿고 품어주지 않으면 외톨이로 버림받게 될지 모른다는 두려움 속에 과잉 언행의 반동적 자기

확장 욕구가 기승을 부리는 것이다. 맥락은 좀 다르겠지만 마치 표절한 교수가 한 차례 홍역을 치른 뒤 자기 회개의 증거로 맹렬한 표절 사냥꾼을 자처하며 나대는 증상과 엇비슷하다.

이 모든 게 역사는 물론 이 세상만사를 좌와 우, 흑과 백으로 양단하여 한쪽을 흠칠하지 않으면 늘 불안해지는 사람들의 병리적 현상이다. 나는 그런 사시의 세계관에 사로잡혀 사는 사람들이 딱하고, 사람들을 그렇게 편 가르도록 강요하는 음험한 체계가 원망스럽다. 하나님 나라는 이런 이념 세상의 아픔을 감싸며 그 폭력적 압제와 침탈을 뚫고 조금씩 안간힘을 다해 뻗어간다.

* 차정식 교수는 서울대 국사학과(1982년도 입학)를 나와 시카고대학에서 신약학으로 박사 학위를 받았다.

## 제2부

# 전희경 全希卿 자유경제원 사무총장

**첫 번째 글**
역사 교과서,
대한민국 헌법 가치에 충실해야 한다

**두 번째 글**
대한민국 헌법 가치 담아야 한다

**세 번째 글**
교과서, 어떻게 편향되어 있나

**첫 번째 글**

# 역사 교과서, 대한민국 헌법 가치에 충실해야 한다

### 역사 교과서의 의미

대한민국을 부정하는 세력들에게 가장 중요한 전선戰線은 역사와 교육이다. 역사관을 자기들 것으로 끌어오고, 역사적 사실을 자신들의 논리대로 규정하는 작업의 반복을 통해 미래권력을 손에 넣을 수 있다는 것을 저들은 알고 있다.

또 하나의 축은 교육이다. 자라나는 세대들에게 자신들의 세계관과 가치관을 주입시키는 일은 전사戰士를 길러내는 일이다. 더욱이 사고체계가 성숙되기 전인 학생들이라 그리 수고스러운 작업도 아니다. 이른 나이에 저들에게 노출될수록 충성도가 강해진다.

역사 교과서는 이처럼 반反 대한민국 세력이 가장 중요시하는 두 전선에 걸쳐져 있는 사안이다. 역사 교과서 국정화에 대한 저항이 그 어떤 때보다 강할 수밖에 없는 이유다.

상대적으로 대한민국의 역사를 긍정하는 사관史觀으로 기술된 교학사 교과서에 가해진 저들의 총공세는 이 전선을 사수하고자 하는 저들의 절박함을 보여주는 것이었다. 그동안 반 대한민국 세력은 검정교과서 제도를 통해 책임 없는 무제한적 자유를 누려왔다.

민중사관民衆史觀을 토대로 결성된 반 대한민국의 카르텔 속에서 앞서거니 뒤서거니 하는 선후배 관계, 사제師弟관계, 경제적 실리관계로 뒤엉켜 출판사 종류만 다를 뿐 결국 대한민국의 공功은 깎아내리고 과過는 부풀리는 교과서, 북한을 정상국가로 취급하고 저들을 대변하는 교과서가 만들어져 왔다.

문제는 이렇게 치밀하게 계산된 반 대한민국 세력에 대한 실태 파악에 대해 정부가 손을 놓고 있었다는 사실이다. 검정 교과서는 민주화의 산물이고, 민주화는 무오류無誤謬의 성역聖域이라는 인식을 적극적으로 했던, 혹은 정권에 부담이 되는 일을 피해가고자 하는 기회주의의 발로였던 결과는 똑같다. 정부가 명백한 직무유기職務遺棄를 하는 동안 반 대한민국 세력은 멋대로 대한민국의 역사를 기술하고, 가장 강력한 교육 수단인 교과서를 통해 확산시켰다.

이를 토대로 참고서, 문제지, 인터넷 강의, 논술시장이 자리잡고 학생들이 끌려다녔다. 저들이 그들의 사상적 신념도 지키면서 경제적 실리도 취하는 꽃놀이를 즐기는 동안 대한민국의 역사, 세계가 부러워하는 기적의 역사는 은폐되고 왜곡되었다. 아무도 바로잡아 주지 않는 불모지가 되고 말았다.

### 건국일이 없는 이상한 교과서

반 대한민국 교과서의 한결같은 서술 태도는 대한민국의 건국을 부정하는 것이다. 고작 한반도에 남한 정부가 수립되었다고 기술하는 것이 고작이다. 이와 나란히 북한에도 정부가 수립되었다고 기술한다.

조선왕조가 무너지고 일제 식민지를 지나는 동안 우리에게 근대성이란 존재하지 않았다. 제2차 세계대전 이후 유라시아 대륙이 속속들이 공산화되는 과정에서 유일하게 자유민주주의를 택해 건국을 이룬 대한민국의 출발은 가장 드라마틱하고, 지금의 번영의 출발이 되는 역사의 시작이다.

그럼에도 이를 '정부 수립'이라는 초라한 말로 설명하고

'북한도 정부, 우리도 정부'하는 식으로 대등하게 기술하는 것을 두고 편향과 왜곡이라 말하지 않으면 무엇이라고 불러야 하나.

대한민국을 건국일이 없는 이상한 나라로 만들기 위해 반드시 거쳐야 하는 인물이 바로 건국 대통령 이승만李承晩이다. 그는 해방 직후 전 국민의 75%가 사회주의를 원할 때 개인의 자유와 창의, 소유권을 인정하는 자유민주주의라는 이념을 대한민국에 이식시켰다. 먹고살기도 빠듯했던 당시에 의무교육을 통해 전 국민을 교육하는 일이 국가건설의 첩경임을 인식했던 선각자였다.

반 대한민국 세력의 이승만 대통령 흠집내기는 대한민국 건국 부정의 시작이자 완성이다. 그에게 친일, 독재의 낙인을 찍는 일은 결국 대한민국을 부정의한 나라로 낙인찍는 일이다.

### 북한을 대변하는 교과서

현재 학생들이 배우고 있는 교과서는 정도 차이만 있을 뿐 대한민국에 대한 평가는 박薄하고, 북한에 대한 평가는 후厚하다. 분단의 책임도 남한에, 통일을 달성하지 못하는 책임도 남한에 돌린다. 북한은 자주와 주체의 땅이고 대한민국은 친일, 친미, 기회주의의 땅이라는 식의 맥락이 교과서에 깊숙이 박혀 있다. 따라서 돈으로 사는 평화라도 평화라면 좋은 것이고, 통일도 저들의 비위를 맞출 수만 있다면 어떤 이념을 바탕으로 하든 대수냐는 식이다.

이런 교과서는 학생들로 하여금 북한 정권을 이성국가, 합리적 대화가 가능한 국가라고 인식할 수 있는 길을 열어준다. 명확한 찬양·고무보다 더 무섭고 질이 안 좋은 경우가 바로 이것이다.

분단국, 휴전국의 국민으로 살아가는 학생들에게 갈라진 책임은 어디에 있는지, 우리의 적은 누구인지, 앞으로 저들을 어떻게 상대해야 하는지를 가르치지 못하는 역사 교과서는 역사도 아니고 교과서도 아니다.

대한민국은 세계가 놀랄 60여 년의 압축 성장을 이뤄냈다. 세계 최빈국(最貧國)에서 벗어나 원조를 주는 국가로 성장했으며, 민주화까지 성공시킨 나라다. 정치와 경제 두 축 모두를 우리처럼 빠른 시간 내에 성공시킨 국가는 세계에서도 유례를 찾기 어렵다.

산업화와 민주화는 단절되어 있지 않다. 경제적 뒷받침 없는 민주화는 존재할 수 없다. 성숙한 민주주의 없이 더 이상의 경제발전도 있을 수 없다. 역사 교과서가 바라보아야 하는 산업화와 민주화에 대한 시각은 이러해야 한다.

그러나 현행 역사 교과서들은 산업화와 민주화를 분절적分節的인 것으로 인식한다. 산업화 시대를 "경제발전은 이루었으나 노동자들의 삶이 피폐해지고, 도시화로 인간 소외가 발생했고, 자본주의는 약육강식弱肉強食의 경쟁과 피로疲勞사회를 가져왔다"는 태도로 기술한다. 기술 내용들을 보노라면 그나마 '경제발전은 이루었으나'라는 전제를 달아준 것이 다행스러울 정도다.

반면 민주화에 대해서는 긍정적 측면을 기술하는데 열을 올릴 뿐 민주화의 그늘이라 할 수 있는 떼법, 법치주의의 실종, 책임 의식 결여, 타인의 권리 존중과 같은 내용을 제대로 다루지 않는다. 기업과 노동자를 갈등론적 시각에서 기술하고, 학생들에게 기업가 정신, 국제사회로 뻗어나갈 포부를 심어주지 못한다.

### 새로운 역사 교과서의 방향

정부가 새로운 역사 교과서 집필에 임하면서 꼭 중심을 잡아야 할 사안이 있다. 가장 먼저, 기계적 '중립'이란 말을 과감하게 버려야 한다는 것이다. 역사는 팩트, 진실의 문제다. 좌우가 '균형 있게' 모여 역사의 진실을 표결에 붙이는 것이야말로 가장 저열한 역사 교과서를 만들어내는 길이다. 역사 교육을 망치고 어렵게 일어난 '역사 바로 세우기' 움직임을 주저앉히는 것이다.

또 다른 하나는, 역사는 역사학자들의 전유물이 아니라는 것이다. 대한민국의 역사를 바로 알기 위해서는 정치, 철학, 경제, 문화 등 다양한 전문분야의 지적 성취들을 담아내야 한다. 동同시대 국제정세도 함께 보면서 종縱으로 횡橫으로 두루 역사를 살필 수 있는 교과서여야 하고, 그런 교과서일 때라야 공부하는 학생들에게 올바른 세계관을 심어줄 수 있다.

마지막으로 정부가 말하는 '올바른'이라는 말의 다른 표현이 '헌법 가치에 충실한'이라는 말이라는 사실을 바로 알아야 한다. 대한민국은 자유민주주의와 시장경제에 기반하여 서있다. 모든 이념에 대해 가치중립적일 수 없는 이유다. 개인의 자유를 보장하고 경쟁이 허용되며 그 속에서 누구라도 승자가 될 수 있는 나라, 그것이 대한민국이 걸어온 자랑스러운 역사임을 명확하게 담은 역사 교과서와 역사교육이라야 한다.

**두 번째 글**

# 대한민국 헌법 가치 담아야 한다

　역사는 박물관에 박제剝製되어 있지 않다. 과거의 것에 대한 기술이되 미래와 밀접하게 닿아 있다. 교육도 마찬가지다. 자라나는 미래 세대의 머리와 가슴 속에 어떤 사고를 심느냐에 따라 국가의 미래상이 달라진다.

　아쉽게도 이에 대해 먼저 눈을 뜬 것은 반反 대한민국 세력이다. 대한민국의 역사를 자신들의 관점에서 해석하고 규정한 다음, 이를 교과서에 실어 학생들을 교육시켰다. 공부를 하면 할수록 대한민국이 부정의不正義하고, 불의不義가 득세한, 희망이 사라져 버린 나라라는 인식이 학생들에게 깊이 박혔다. 자신들도 모르는 사이 반 대한민국 세력을 위한 예비전사豫備戰士로 커나가는 학생들을 대한민국의 숱한 어른들은 그동안 방치해 왔다.

역사 교과서 논쟁에서 가장 중요한 점은 현행 역사 교과서들이 어떻게 잘못되어 있는가 하는 것이다. 여러 가지 편향과 왜곡 사례들은 크게 세 가지 범주로 나뉜다.

첫째, 현행 역사 교과서는 대한민국의 건국일조차 명시하지 않은 교과서란 점이다. 교과서의 한결같은 서술 태도는 대한민국의 건국을 부정하는 것이다. '한반도에 남한 정부가 수립되었다'라고 기술하는 것이 고작이다.

제2차 세계대전 이후 유라시아 대륙이 속속들이 공산화되는 과정에서 유일하게 자유민주주의를 택해 건국을 이룬 대한민국의 출발은 가장 드라마틱한 번영의 기적의 서막序幕이다. 그럼에도 이를 '정부수립'이라는 초라한 말로 설명하는 것은 대한민국 건국이 환영할만한 일도, 그렇게 세워진 나라가 자랑스럽지도 않다는 의식이 저변底邊에 강하게 뿌리내렸기 때문이다.

둘째, 현재 학생들이 배우고 있는 역사 교과서는 정도 차이만 있을 뿐 대한민국에 대한 평가는 박하고 북한에 대한 평가는 후하다. 북한의 대변인代辯人을 자임한다. 분단의 책임도 남한에, 통일을 달성하지 못하는 책임도 남한에 돌린다. 북한은 자주와 주체의 땅이고 대한민국은 친일, 친미, 기회주의의 땅이라는 식의 맥락이 교과서에 깊숙이 박혀 있다.

이런 교과서는 학생들로 하여금 북한 정권을 이성理性국가, 합리적 대화가 가능한 국가라고 인식할 수 있는 길을 열어준다. 분단국, 휴전국의 국민으로 살아가는 학생들에게 나라가 갈라진 책임이 어디에 있는지, 우리의 적은 누구인지, 앞으로 저들을 어떻게 상대해야 하는지를 가르치지 못하는 역사 교과서는 한마디로 불량품不良品이다.

셋째, 산업화의 그늘만 강조하고 민주화의 그늘은 외면하는 기술記述 태도다. 대한민국은 세계가 놀랄 60여 년의 압축 성장을 이뤄냈다. 세계 최빈국에서 벗어나 원조를 주는 국가로 성장했으며, 민주화까지 성공시킨 나라다. 정치와 경제 두 축 모두를 우리처럼 빠른 시간 내에 성공시킨 국가는 세계에서도 유례를 찾기 어렵다.

현재의 검정이라는 형식이 자율성과 다양성을 담보하지 못하고 오히려 획일적이며, 교학서 교과서 채택 방해 사건에서 보듯 시장의 자발적 선택이 작동하지 못하는 시장 실패의 상황이다. 이 상황에선 정부가 나서 가이드라인을 잡고, 문제투성이 교과서를 바로 쓰게 해야 한다.

국가가 추진하는 올바른 교과서는 소수 몇몇 학자들의 사관史觀으로부터 벗어나 역사를 보다 넓고 깊은 안목으로 볼 수 있게 다양한 학문 영역에서 전문가들이 참여할 수 있어야 한다. 이것이야말로 미래지향적 정책이다.

다시금 강조하지만, 정부는 어렵게 트인 '역사 바로 세우기'의 물꼬를 좌우 균형이라는 허울에 가둬서는 안 된다. 올바른 역사 교과서란 좌우의 타협으로 논란을 비켜가는 교과서가 아니라 대한민국의 헌법가치에 충실한 교과서를 의미한다. 역사를 제대로 배워 다가올 미래를 바르게 예측할 수 있는 학생들을 길러내는 일을 더 이상 늦출 수 없다.

### 세 번째 글

# 교과서, 어떻게 편향되어 있나
### -배울수록 비뚤어지는 아이들


## 역사 교과서 국정화 반대의 속내

역사 교과서 국정화 추진을 두고 논란이 거듭되고 있다. 전교조와 일군一群의 사학 전공 교수, 교사, 일부 시민단체 등이 앞장서 국정화 반대를 외치고 있다. 국정 교과서는 과거 정부 주도 역사관을 주입시키는 권위주의의 산물이며, 자율성과 다양성이 존중되어야 하는 시대적 흐름에 역행한다는 것이 이들의 주장이다.

일견 설득력이 있어 보이는 이 주장은 그러나 진정성이 없으며 현실을 도외시한 것이다. 지난 교학사 역사 교과서 사건은 교과서 문제의 심각성을 여실히 보여주는 것이었다. 대다수 역사 교과서가 출판사 별로 차이는 있지만 심각하게 반 대한민국적 사고思考, 민중사관에 의해 왜곡되어 있다는 사실이 드러났다.

이를 바로잡고자 만들어진 교학사 역사 교과서는 전교조, 좌파 시민단체, 좌파 언론에 의해 조직적 채택 방해를 받아 채택률이 1%도 채 되지 않았다. 이 사건은 좌파 진영에서 교과서를 교육 이념투쟁에서 얼마나 중요하게 여기는가를 보여주었다. 자율성과 다양성을 내세우며, 국정화를 권위주의의 산물이라 매도하는 이들이 보여준 행태는 자율을 해치고 다양성을 가로막는 것이며, 그 어떤 강요와 강제보다 위압적이었다.

교학사 교과서 내용을 의도적으로 왜곡하여 여론을 악화시키는 한편 조직적으로 채택을 방해하였고, 교학사 교과서를 채택한 학교에 대해서는 취소를 종용하는 위력威力을 행사했다. 우리 앞의 현실은 소비자의 자유로운 선택이 일어날 수 없으며, 어떤 출판사의 교과서든 정도 차이만 있을 뿐 편향된 기술로 인해 배울수록 비뚤어진 아이들만 양산한다.

## 헌법정신에 부합하지 않는 기술(記述) 태도

역사 교과서는 빙산의 일각이다. 사회, 사회·문화, 경제, 문학, 윤리 과목 교과서와 시험문제에 이르기까지 왜곡되고 편향된 기술이 드러났다. 과목은 달라도 서술 태도에서 드러나는 문제는 동일했다. 한마디로 대한민국의 헌법적 가치에 부합하지 않는 서술 태도가 그것이다.

대한민국은 자유민주주의와 시장경제라는 헌법적 가치를 토대로 존립하며 이에 따라 모든 법과 정책들이 수립된다. 그럼에도 교과서의 서술 태도는 이에 대해 가르치기보다는 이 체제가 모순이 있는 체제라는 점을 오히려 강조한다.

그리고는 대안(代案)으로 이미 몰락해 역사 속으로 사라진 사회주의를 끌어들인다. 자유민주주의 국가의 교과서에서 '자유'의 가치는 실종되고, '민주주의'는 무오류, 불가침의 '이즘-ism'으로 포장되어 있다. 서울대 경제학부 이영훈 교수는 초중등 과정 모든 교과서를 분석한 끝에 '자유'라는 단어와 개념이 교육에서 실종되어 있음을 개탄하였다.

자녀가 성인이 되어서도 부모에게 의지하고, 또 이런 자녀를 받아주는 풍토는 이런 교육의 토양에서 길러진 것이다. 정신적, 물질적으로 독립하지 못하는 개인은 자신의 자유의지가 침해당해도 분노하지 않고, 자신의 독자성에 자존감을 느끼지 못한다. 떼와 무리에 섞일 때 안락감을 느끼고 자신의 노력 없이 누군가의 도움을 기대한다.

이것이 좌절되면 분노하고 정부에 대책을 요구한다. 이것은 항상 정치권의 대중 영합과 맞물린다. 정부가 직접 베풀겠다는 정책이 난무하고, 부<sub>富</sub>의 인위적 재분배 정책이 공익이라는 이름을 내걸고 집행된다. 그것이 장기적으로 성장 동력을 무너뜨리고 경제를 파국으로 몰아간다는 사실을 고려하지 않는다. 배고픈 것은 참아도 배 아픈 것은 못 참는다고 하지 않는가.

사람들을 이렇게 만드는 데는 교육의 영향이 크다. 그 가운데 교과서의 영향이 가장 심대하다. 학생들에게 교과서의 의미는 매우 특별하다. 참고서, 부교재가 아무리 많이 쏟아져 나와도, 결국 교과서에 해당 과목에서 성취해야 할 학습 내용이 모두 담겨 있다. 시험문제도 교과서에 입각해 출제되니 교과서는 가장 기초적이고, 가장 중요한 학습도구다.

교과서가 담고 있는 가치관, 세계관이 설사 개인적으로 동의하기 어렵더라도 학교라는 울타리 내에 있는 한 결코 등한시할 수 없다. 지금 학생들이 배우는 교과서들은 개인의 자유와 선택, 개인의 재산권과 계약의 자유, 작은 정부, 세계화와 통상의 중요성에 대해 매우 소극적인 태도 또는 적대적인 태도를 취하고 있다.

### 개인의 자유를 실종시킨 교과서

자유주의 관점에서 현행 교과서들을 분석하면 여러 문제가 발견된다. 자유주의의 핵심 가치는 개인주의, 개인의 권리, 자생적 질서, 법치주의, 제한된 정부, 자유시장, 생산이라는 덕목德目, 이해 관계의 자연스런 조화, 평화다.

그러나 교과서들은 국가의 역할, 공公을 강조한다. 국가가 개인의 삶에 있어 꼭 필요한 공동체라고 주장한다. 적극적 국가관을 옹호하는 사람들은 국가가 국민이 도덕적인 삶을 살아가도록 해야 할 의무가 있다고 가르친다. 또한 국가는 모든 국민의 기본적인 삶을 위해 노력해야 한다고 가르치며 복지국가를 강조한다.

이런 서술 태도는 자유주의 국가관과 상반되는 것으로, 복지국가를 지극히 선한 국가로 기술하고 개인들의 도덕 생활을 인도해야 하는 것이 국가의 책무라고 인식토록 한다. 또 반대로 자유주의 관점에서 국가의 가장 중요한 역할이라고 할 수 있는 국방과 치안, 법의 집행에 대해서는 강조하지 않는다. 이런 교과서적 국가관의 영향으로 수시로 거리를 점령하는 시위대에 대한 문제 의식이 흐려진다.

사익私益과 공익公益에 대한 기술 태도도 문제다. 교과서에서는 사익 추구가 궁극적으로 공익에 기여한다는 사실을 언급하지 않는다. 양자의 조화를 강조하지만 실제로는 대립하는 것으로 기술하고 있다. 특히 공익 추구를 명분으로 행해지는 정책이나 개인의 행동이 초래하는 문제점에 대해서는 언급하지 않고 있다.

### 자본주의는 악이라고 가르치는 교과서

자본주의와 공산주의에 대한 서술 태도도 심각하다. 교과서들은 자본주의의 장점에 대해서는 적게 서술하면서, 문제점과 극복 방안에는 많은 분량을 할애한다. 대공황을 바라보는 자유주의적 시각은 배제하고, 시장 실패가 원인이 되어 발생했고 정부개입으로 극복한 것으로 일관되게 서술하고 있다.

또 자본주의의 핵심 개념인 경쟁, 가격의 역할에 대한 설명이 없다. 경쟁을 통해 고도의 협동이 이루어지고, 지식의 한계가 극복된다는 설명이 없다. 현대 사회의 경제적 문제가 자본주의 때문이 아니라, '원시 사회'의 도덕을 '거대 사회'에 적용하기 때문에 발생한다는 사실을 말해주지 않는다. 교과서는 현대사회가 안고 있는 빈부 격차, 불공정 경쟁, 물질 만능주의, 인간 소외가 자본주의 사회로 인해 도래한 것처럼 설명한다.

오히려 자본주의 사회가 도래하면서 이런 문제들이 얼마나 개선되었는가에 대한 설명은 없다. 교과서에서는 몰락한 사회주의가 추구한 평등 추구의 이상을 자본주의 이상보다 높게 평가하고, 자본주의는 사회주의가 주는 교훈을 바탕으로 자기 수정을 통해 발전해나가야 한다고 주장한다.

교과서는 자본주의 문제점에 대한 해법으로 개인적으로는 도덕적 인간성을 회복하고, 사회적으로는 개인의 이익뿐만 아니라 공동체의 이익을 추구하는 경제활동이 이루어지도록 문화를 형성해나가야 한다고 가르친다. 국가적 차원에서는 다양한 정책과 제도, 법질서의 확립을 통해 건강한 자본주의가 운영되도록 해야 하고, 국민 복지를 실현해야 한다고 주장한다.

그 결과 교과서를 따라가다 보면 경제생활에서 합리적인 선택이 아니라 윤리적인 선택을 강조함으로써 경제논리가 아닌 가치의 논리로 경제 현상에 접근하는 것이 바람직하다고 생각하는 경제 문맹이 되고, 개인주의나 자유주의보다 공동체주의 또는 국가주의로 빠질 위험이 커지게 된다. 또

복지국가의 문제점은 가려지고, 복지국가는 선한 것이라는 인식이 심어지게 된다.

### 편 가르기를 부추기는 교과서

기업윤리에 대한 서술에서도 문제점이 드러난다. 교과서는 대기업과 중소기업, 골목 상점을 강자와 약자로 대비시키며, 강자가 아닌 약자의 입장에 서는 것이 윤리적이라고 가르친다. 소비자의 입장, 소비자의 선택은 중요하지 않다. 기업의 역할로 이윤 추구는 무색하고 사회적 책임이 강조된다.

기업과 근로자의 관계에 있어서도 강자 대對 약자의 논리가 강조되면서 기업의 건강한 존속을 위한 근로자의 책임에 대한 고려는 부족하게 기술된다. 노동자 중심의 서술 태도에도 오류가 있다. 노동자는 약자이고 국가가 이들을 보호하는 것이 당연하다는 기술들이 그것이다. 또 이를 위해 정부가 개입해야 한다고 교과서는 주장한다. 그러면서 노동시장에 정부가 개입해 오히려 노동자들이 피해를 보는 사례는 서술하지 않는다.

소득 격차의 경우도 마찬가지다. 소득 격차에 대한 부정적 견해를 일방적으로 서술하고, 이를 줄이기 위한 정부개입은 당연한 것으로 기술한다. 소득 격차는 자연스러운 것이며, 경제성장이 빈곤층을 줄이는 가장 효과적인 방안임을 학생들에게 가르치지 않는다.

### 어떻게 바로잡을 것인가?

먼저 편향되고 왜곡된 교과서를 바로잡기 위해서는 집필과 검정과정에 앞서 가이드라인에 해당하는 '교육과정'에 대한 검토부터 면밀히 이루어져야 한다. 교육과정에 자유, 독립, 이를 바탕으로 한 협동의 가치를 새롭게 정립시키고 이에 상응하는 교과서, 참고서, 학습 프로그램을 개발하는 일이 뒤따라야 한다.

이를 위해서는 교육부의 '교육과정'이 속히 수정되어야 한다. 또 교과서가 좋아도 전달하는 교사들의 시각이 편향되어 교육이 비틀어지는 일이 없도록 교사들에게 자유주의를 충분히 교육시켜야 한다. 참고서, 부교재 및 학교 비치 도서, EBS(교육방송) 등의 내용을 살피고 바로잡아야 한다.

보다 큰 틀에서 보면 현재 교과서 문제는 학교에 깊숙하게 침투한 그릇된 민주화의 그늘 아래 놓여있음을 자각해야 한다. 학교를 '배움의 장場'이 아닌 민중 혁명 전사를 배출하는 장으로 삼으려는 시도가 그것이다. 이들은 교과서를 통해 대한민국의 정통성을 부정하고, 헌법 정신인 자유민주주의와 시장경제에 대해 끊임없이 왜곡한다.

학교를 강자인 학교장 및 교사와 약자인 학생들로 나누어 갈등을 유발한다. 이 과정의 산물이 바로 '학생인권조례'다. 교육감 직선제 역시 민주화라는 허울을 쓰고 자행된 것으로 그릇된 자치의 실례이다.

교과서 왜곡을 주도하고, 역사 교과서 국정화를 저지하는 이들을 그들이 내세우는 명분론에 입각해서만 바라봐선 안 된다. 교과서, 참고서, 부교재, 교육방송, 학원은 하나의 거대한 이익집단, 교육산업 생태계를 이루고 있다. 이들이 겉으로는 명분을 내세우면서 취하는 어마어마한 잇속에 대해서 바로 보아야 한다.

교과서를 비롯해 한국의 교육을 수렁에서 건져내기 위해서는 전교조와 좌편향 세력이 오랜 시간 전투를 준비했듯, 그 반대편에서도 이 사태가 교육전쟁의 분수령임을 인지해야 한다. 단순히 역사 교과서 국정화라는 '원 포인트' 문제로 생각해서는 다시 우리 교육은 후퇴하고 좌편향의 그늘에 머무를 수밖에 없다.

# 현행 검인정 교과서에 나타난 15가지 왜곡 사례

본 사례들은 역사학자 5인이 가장 심각한 교과서 기술의 편향사례로 뽑아주신 내용을 받아 정리한 것이다.
강규형(명지대 기록정보대학원 교수), 권희영(한국학중앙연구원 교수),
양동안(한국학중앙연구원 명예교수), 이명희(공주대 역사교육과 교수),
정경희(영산대 자유전공학부 교수)께 감사드린다.

## 1. 공권력 집행을 주민 탄압으로

천재교육 P.309

### 정부 수립을 전후한 갈등

1947년 3·1절 기념 시위에서 경찰의 발포로 사상자가 발생하자, 제주도민들은 이를 규탄하는 시위를 벌였으며, 관리들까지 가담한 총파업을 일으켰다. 미군정은 육지에서 경찰과 우익 청년 단체를 파견하여 이를 진압하였다. 이 과정에서 많은 주민이 가혹한 탄압을 받아 미군정에 대한 반감이 높아졌다.

이러한 가운데 1948년 4월 3일 제주도에서는 남로당 제주도당의 주도 아래 남한만의 단독 선거 반대와 통일 정부 수립을 주장하는 무장 봉기가 일어났다. 무장 봉기 세력은 각지의 경찰지서와 서북 청년회 등 우익 단체를 습격하였고, 미군정은 경찰과 군대를 동원하여 무력 진압에 나섰다.

이후 무장 봉기 세력과 토벌대 간의 무력 충돌과 토벌대의 진압 과정에서 수만 명의 무고한 제주도민이 희생당하는 사태가 벌어졌다(제주 4·3 사건). 이 때문에 제주도 3개의 선거구 중 2개의 선거구에서 국회의원을 선출하지 못하였다.

정부 수립 후 이승만 정부는 제주도에서 일어난 무장 봉기를 진압하기 위해 여수와 순천에 주둔 중이던 국군을 파견하려 하였다. 이때 부대 내에 있던 좌익 세력들이 제주도 출동 반대, 통일 정부 수립 등의 구호를 내세우며 반란을 일으켰다(여수·순천 10·19 사건).

정부는 여수·순천 지역의 반란을 진압하는 동시에, 군대 내 좌익 세력을 몰아내는 숙군 작업을 강화하였다. 1948년에는 좌익 세력의 활동을 근본적으로 차단하려는 의도 아래 국가 보안법을 제정하였고, 이듬해에는 *국민 보도 연맹을 조직하였다.

▲ 여수·순천 10·19 사건(1948) 국군이 주민들을 한자리에 모아 놓고 사건 가담자를 색출하고 있다.

*국민 보도 연맹
좌익 활동을 하던 사람들을 전향시켜 보호하고 자유민주주의로 인도한다는 명분으로 조직된 반공 단체이다. 6·25 전쟁 때 보도 연맹원의 상당수가 군경에 의해 학살되었다.

생·각·넓·히·기

제주 4·3 사건, 희생자를 위로하기 위한 정부의 노력은?
제주 4·3 사건은 사건이 일어난 지 50여 년이 넘도록 말하는 것조차 금기시되었다. 이후 민주화의 진전에 따라 2000년

1947년 3·1절 기념 시위에서 경찰의 발포로 사상자가 발생하자, 제주도민은 이를 규탄하는 시위를 벌였으며, 관리들까지 가담한 총파업을 일으켰다. 미군정은 육지에서 경찰과 우익 청년 단체를 파견하여 이를 진압하였다. 이 과정에서 많은 주민이 가혹한 탄압을 받아 미군정에 대한 반감이 높아졌다.

## 2. 이승만은 분단의 원흉?

두산동아 P. 270

**제주 4·3 평화 공원 위령탑(제주)**
정부의 「제주 4·3 사건 진상 조사 보고서」에 따르면, 이 사건의 희생자는 25,000명에서 30,000명에 이른다. 당시 제주도인구 약 28만 명이다. 2003년 정부는 제주 4·3 사건과 관련하여 공식 사과하였다.

**여수·순천 10·19 사건 진압 후 여수의 한 초등학교에서 토벌대가 부역자들을 색출하고 있다.**

### 통일 정부 수립을 위하여 노력하다

남한만의 총선거가 결정되자 이승만과 한국 민주당은 이에 찬성하였고, 김구와 김규식은 단독 정부 수립에 반대하였다. 좌익은 단독 정부 수립 저지 투쟁을 전개하였다. 김구와 김규식은 북한의 김일성에게 통일 문제를 협의하는 남북 협상을 제의하였다. 이에 대해 북한은 남북 협상에 동의하면서 사회단체 대표자 회의를 제안하여 남북 협상이 이루어졌다.

김구와 김규식은 단독 정부 지지자들의 격렬한 반대를 무릅쓰고 38도선을 넘었다. 평양에서 열린 남북 지도자 회의에서 두 사람은 단독 정부 수립 반대, 미·소 양군의 철수를 주장하였다. 그러나 남북한 지역 모두 정부 수립을 위한 준비가 진행되던 단계였기 때문에 결실을 보지 못하였다.

제주도에서는 1947년 경찰의 3·1절 기념 대회 발포 사건을 계기로 무장 봉기가 일어났다. 단독 정부 수립 반대의 분위기가 고조된 1948년 4월 무장 봉기가 확산되어 좌익을 중심으로 한 무장 유격대는 미군 철수, 남독 정부 수립 반대를 주장하며 경찰, 군인 및 우익 청년단체와 맞섰다.**제주 4·3 사건** 이 과정에서 많은 제주도민이 희생되었고, 제주도 3개 선거구 가운데 두 곳에서는 선거를 치르지 못하였다.

1948년 8월 15일 출범한 대한민국 정부는 10월 여수에 주둔하고 있던 군대에게 제주 4·3 사건 진압을 위해 제주도로 출동하라고 명령을 내렸다. 일부 군인들이 이 명령을 거부하면서 여수·순천 10·19 사건이 일어났다. 이 사건은 얼마 가지 않아 진정되었지만 일부 군인들은 지리산 등에 들어가 6·25 전쟁 때까지 저항을 계속하였다.

이와 같은 제주 4·3 사건과 여수·순천 10·19 사건으로 전투원뿐만 아니라 수많은 민간인이 희생당하였다.

## 3. 친일파 청산 가로막은 이승만?

비상교육 P.352

## 4. 북한의 농지개혁 좋아요! 대한민국 농지개혁 나빠요?

두산동아, 검정본 p.276

### 농지 개혁을 실시하다

광복 당시 대다수 농민들은 농사를 짓는 사람들이 땅을 소유하는 원칙이 실현되기를 바라고 있었다. 1946년 3월 북한은 무상 몰수, 무상 분배 방식으로 토지 개혁을 단행하였다. 이에 자극을 받은 농민들은 북한과 같은 토지 개혁을 요구하였다. 미군정도 더 이상 토지개혁 요구를 외면할 수 없게 되었다.……마침내 1949년 제헌 국회는 '경자유전'을 원칙으로 하는 농지 개혁법을 공포하였다. 농지 개혁 방식은 북한과 달리 '유상 매수, 유상 분배'였다.

## 농지 개혁을 실시하다

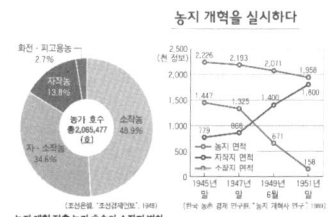

농지 개혁 전후 농가 호수와 소작지 변화

광복 당시 대다수 농민들은 농사를 짓는 사람들이 땅을 소유하는 원칙이 실현되기를 바라고 있었다. 1946년 3월 북한은 '무상 몰수, 무상 분배' 방식으로 토지 개혁을 단행하였다. 분배된 토지는 법령에 따라 매매나 소작 또는 저당을 금지하였다. 이에 자극을 받은 농민들은 토지 개혁을 요구하였다. 미군정도 더 이상 토지 개혁 요구를 외면할 수 없게 되었다. 미군정은 1948년 총선거를 앞두고 ■신한 공

■신한 공사 미군정청이 관리하던 동양척식 주식회사와 일본인이 소유한 토지를 관할하기 위해 세운 회사였다.

사를 해체하고 소유 농지를 최대 2정보까지 소작농에게 분배하였다. 가격은 해당 농지 연평균 소출량의 300%를 15년간 분할 상환하는 것이었다.

마침내 1949년 제헌 국회는 '경자유전'을 원칙으로 하는 농지 개혁법을 공포하였다. 농지 개혁 방식은 북한과 달리 '유상 매수, 유상 분배'였다. 정부가 지주의 땅을 사들이고 농민들은 분배받은 농지에서 나오는 연간 소출량의 150%를 5년간 분할 상환하도록 하였다. 농지 소유 한도는 최대 3정보였다.

지가 증권 정부는 토지 대금으로 지주에게 지가 증권을 발행하였고, 이를 기반으로 지주 자본을 산업 자본으로 전환하고자 시도하였으나 실패하였다.

농지 개혁은 1950년부터 시작하여 6·25 전쟁 전까지 70~80%가 진행되었고, 전쟁이 끝난 후 재개되었다. 농지 개혁으로 전근대적인 지주제는 사라지고 농민은 자작농이 되었다. 농민이 자립적인 경제 주체로 성장하는 기반이 마련되었고, 농민들의 생산 의욕도 높아져 농업 생산이 늘어났다.

그러나 농지 개혁을 하기 전에 적지 않은 지주들은 땅을 팔았고, 일부 농민들도 토지 대금을 제 때에 갚지 못하거나 분배받은 땅을 다시 팔기도 하였다.

## 5. 대한민국의 초라한 정부수립 VS
## 조선민주주의인민공화국의 거창한 수립 선포

두산동아 P.273

# 3. 대한민국 정부를 수립하다

1948년 8월 15일, 대한민국 정부가 수립되었다. 대한민국 정부는 제주, 평등, 평화의 가치를 보장하고 3·1운동의 정신과 대한민국 임시 정부의 법통을 계승하는 민주 공화국이었다.

▶ 대한민국 정부는 새 나라 건설을 위해 어떤 일을 하였을까?

대한민국 정부 수립(1948. 8. 15.)

### 대한민국 정부가 출범하다

1948년 5월 10일 남한에서는 제헌 국회의원을 뽑는 총선거가 실시되었다. 정부 수립을 위해 국민을 대표하는 국회에서 헌법을 만들어야 하기 때문이었다. 공산당은 단독 선거 반대 투쟁을 전개하였고, 김구, 김규식 등 남북 협상 참가 세력과 일부 중도계 인사들은 단독 정부 수립에 반대하며 참여를 거부하였다. 하지만 선거는 예정대로 실시되었다. 이 선거는 21세 이상 모든 성인에게 동등한 투표권이 부여된 우리나라 최초의 보통 선거였다. 선거는 95.5%라는 높은 투표율을 기록하였다.

5·10 총선거 많은 유권자가 문맹이기 때문에 막대기의 개수로 기호를 표시하였다.

선거 결과 무소속이 대거 당선되고, 미군정과 친밀한 관계를 가졌던 한국 민주당은 참패하였다. 이승만은 자신의 지지 세력, 한국 민주당 및 무소속을 끌어들여 국회 의장에 당선되었다. 우여곡절 끝에 제헌 헌법은 3권 분립과 대통령 중심제, 대통령의 국회 간선을 규정하였다. 또한, 친일 반민족사의 처벌, 토지 개혁을 통한 지주제 폐지, 지하자원 및 산업의 국유화, 사기업에서 노동자들의 이익 참가권 등을 규정하여 민주 국가의 기틀을 마련하였다.

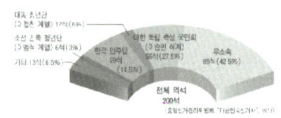

제헌 국회 의석 비율 전체 의석 200석 중 무소속이 85석으로 가장 많았다. 그 다음은 이승만을 지지하는 대한 독립 촉성회 계열의 인물이 58석을 차지하였다.

### 북한, 정부를 수립하다

"……북한은 남한에서 총선거가 실시되자 곧바로 정부 수립에 나섰다. 8월 25일에는 남북 인구 비례에 따라 최고 인민 회의 대의원을 뽑는 선거를 실시하였다. 북한과 남한에서 선거로 뽑힌 대의원들은 1948년 9월 최고 인민 회의를 열어 헌법을 만들고, 김일성을 수상으로 선출하였다. 9월 9일에는 내각을 구성하고, 조선민주주의 인민 공화국 수립을 선포하였다. 소련을 비롯한 사회주의 국가들이 이를 승인하였다.

남한에서의 최고 인민 회의 대의원 선거 남한에서는 공개적으로 선출할 수 없었기 때문에 비밀리에 실시되었다."

> 마침내 1948년 8월 15일 대한민국 정부가 출범하였다. 같은 해 12월 12일 국제 연합 총회에서는 대한민국 정부를 유엔 감시 아래 실시된 선거로 한반도 내에서 유일한 합법 정부로 승인하였다.
>
> **북한, 정부를 수립하다**
>
> 1946년 2월에 북한에서는 소련의 후원 하에 김일성을 위원장으로 하는 북조선 임시 인민 위원회가 수립되었다. 이 위원회에서는 사실상 정부 구실을 하여 '무상 몰수 · 무상 분배'의 \*토지 개혁을 단행하고, 산업을 국유화하였으며 친일파를 처벌하였다.
>
> 북조선 임시 인민 위원회 수립 경축 대회(1946. 2.)
>
> 북한에서는 1947년 12월 임시 헌법 초안을 만들고, 1948년 2월에는 조선 인민군을 창설하였다. 임시 헌법 초안을 인민 토의에 부치는 등 정권 수립을 진행하던 북한은 남한에서 총선거가 실시되자 곧바로 정부 수립에 나섰다. 8월 25일에는 남북 인구 비례에 따라 \*최고 인민 회의 대의원을 뽑는 선거를 실시하였다. 북한과 남한에서 선거로 뽑힌 대의원들은 1948년 9월 최고 인민 회의를 열어 헌법을 만들고, 김일성을 수상으로 선출하였다. 9월 9일에는 내각을 구성하고, 조선 민주주의 인민 공화국 수립을 선포하였다. 소련을 비롯한 사회주의 국가들이 이를 승인하였다.
>
> \***북한의 토지 개혁** 북한의 토지 개혁의 경우, 분배된 토지에 대해서는 매매 · 소작 · 저당이 금지되었으며, 1958년에는 집단 농장화가 이루어졌다.
>
> \***남한에서의 최고 인민 회의 대의원 선거** 남한에서는 공개적으로 선출할 수 없었기 때문에 비밀리에 실시되었다.

## 6. 소련과 중국의 전쟁 개입은 지원으로 미화(美化), UN군 참전은 국제전 확대의 원흉으로!

천재교육 P.312

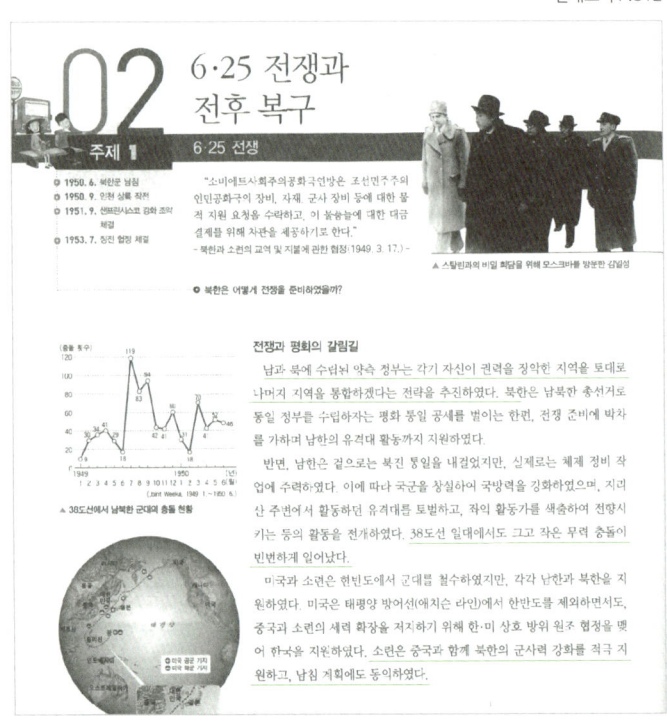

"남과 북에 수립된 양측 정부는 각기 자신이 권력을 장악한 지역을 토대로 나머지 지역을 통합하겠다는 전략을 추진하였다… 38도선 일대에서도 크고 작은 무력 충돌이 빈번하게 일어났다… 소련은 중국과 함께 북한의 군사력 강화를

적극 지원하고, 남침 계획에도 동의하였다… 유엔군의 참전으로 전쟁은 국제전으로 확대되었으며…"

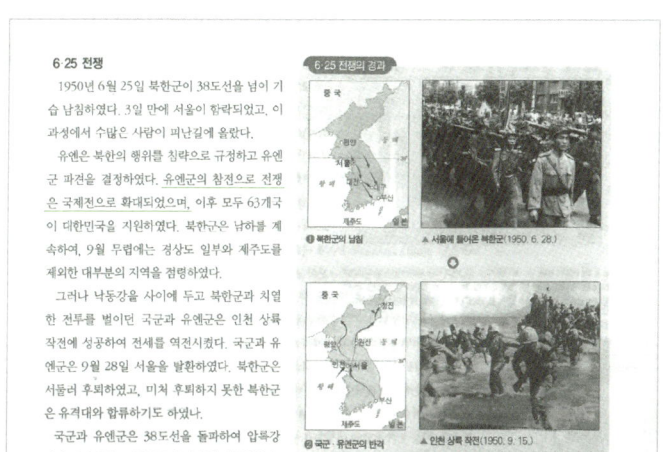

## 7. 소련의 원조는 선(善), 미국의 원조는 악(惡)?

천미래엔 P.321

"전후 북한의 경제복구는 소련과 중국을 비롯한 사회주의 국가의 원조 아래 진행되었다. 그 과정에서 농지는 협동조합 소유로 전환되고 모든 농민은 조합원이 되었으며, 소규모 개인 상공업도 생산 협동조합으로 바뀌었다."

"정부는 미국의 원조 농산물을 민간 기업에 불하하여 확보한 대충 자금으로 재정의 38%를 충당하였다. …(중략)… 필요 이상으로 들어온 미국의 농산물은 우리의 농촌 경제에 위협이 되기도 하였다. 특히 보리와 밀, 면화 등이 가격 경쟁에 밀려 우리 농촌에서 점차 사라져 갔다."

### 북한, 1인 독재와 사회주의 경제 체제를 형성하다

북한 권력은 김일성의 주도 아래 박헌영의 국내파, 조선 의용군의 중국파, 허가이 2세들로 구성된 소련파가 연합 정권을 이루고 있었다. 6·25 전쟁 후 김일성은 전쟁의 실패 책임을 물어 이들을 숙청해 나갔다. 그 결과 김일성의 권력 기반이 강화되면서 거대한 동상을 세우는 등 김일성 우상화 작업이 진행되었다.

이어 스탈린 사망 후 소련에서 스탈린 독재와 우상화를 비난하자, 북한에서도 김일성에 대한 비난 여론이 형성되었다. 김일성은 비판 세력을 대대적으로 숙청하고 1인 독재 체제를 더욱 강화하였다.

전후 북한의 경제 복구는 소련과 중국을 비롯한 사회주의 국가의 원조 아래 진행되었다. 그 과정에서 농지는 협동조합 소유로 전환되고 모든 농민은 조합원이 되었으며, 소규모 개인 상공업도 생산 협동조합으로 바뀌었다. 이로써 북한은 사유 재산 제도를 부정하는 사회주의 경제 체제를 확립하게 되었다.

▲ 협동농장 북한의 모든 농지는 1958년에 협동농장화되었다.

### 한국사 백과 — 무상 원조, 세상에 공짜는 없다

정부는 미국의 원조 농산물을 민간 기업에 불하하여 확보한 대충 자금으로 재정의 38%를 충당하였다. 그중 절반 정도는 국방력 강화를 위한 무기 구입과 주한 미군을 유지하기 위한 경비로 지출되었다.

미국의 원조 농산물은 국내의 부족한 식량 문제를 해결하는 데 큰 도움이 되었다. 그렇지만 필요 이상으로 들어온 미국의 농산물은 우리의 농촌 경제에 위협이 되기도 하였다. 특히 보리와 밀, 면화 등이 가격 경쟁에 밀려 우리 농촌에서 점차 사라져 갔다.

이러한 과정에서 한국은 미국이 무기와 농산물을 수출하는 주요 시장으로 자리 잡게 되었다.

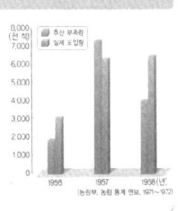

▶ 한국의 농산물 부족량과 도입량

138 교과서를 배회하는 마르크스의 유령들

# 8. 읽다보면 주체사상은 좋은 사상?

금성출판사 검정본 P.407

## 1. 북한, 세습 체제를 구축하다

- 주체사상이 성립된 배경과 그 역할을 파악할 수 있다.
- 김일성 유일 지배 체제의 성립 과정과 북한의 세습 체제에 대해 설명할 수 있다.

### ■ 김일성 유일 지배 체제의 성립

6·25 전쟁을 거치면서 북한의 권력 구조는 크게 재편되었다. 김일성은 자신의 반대 세력들을 제거하면서 권력을 다져나갔다. 주민들 역시 적내적 세력, 우호적 세력, 중립적 세력으로 구분하여 통제하였으며, 이를 통해 유일 지배 체제를 확립해 나갔다.

한편, 북한은 1950년대 후반부터 중국과 소련에 대한 의존에서 벗어나 자주 노선을 표방하였다. 당시 진행되던 중·소 분쟁에서 어느 쪽에도 치우치지 않는 등거리 외교로 대응하였으며 제3 세계를 향한 외교 활동도 확대하였다.

이와 같이 김일성 유일 지배 체제가 확립되고 자주 노선이 추진되는 과정에서 주체사상이 등장하였다. 주체사상은 김일성의 항일 유격대 활동을 혁명 전통으로 삼은 김일성 중심의 유일사상 체제였으며 결국 김일성 개인숭배로 이어졌다.

1972년 개정된 사회주의 헌법은 북한을 자주적인 사회주의 국가로 천명하고, 주체사상을 '마르크스·레닌주의를 우리나라의 현실에 창조적으로 적용한 사상'이라고 규정하여 북한의 사회 이념으로 공식화하였다. 또한, 김일성의 권력을 절대화하기 위해 '국가 주권을 대표'하는 주석제를 신설하였다.

만경대를 참배하는 생들 김일성에 대한 개인숭배가 강화되면서 김일성의 생가인 만경대는 북한 인민들이 참관해야 할 성지가 되었다.

"마르크스·레닌주의"
19세기 후반 독점 자본주의의 제국주의의 심화라는 국제 정세 속에서 러시아 혁명을 이끈 레닌의 팔전시킨 마르크스의 사상과 이론이다.

### 더 알아보기

#### 주체사상의 성립과 그 역할

1950년대 중반까지 북한의 통치 이념은 마르크스·레닌주의였으나, 이후 주체사상이 조선 노동당의 지도 이념이 되었다. 주체사상은 김일성이 창시하고 김정일이 이론적으로 집대성하였다는 공식 사상으로, 혁명의 주체 되어야 할 것은 정체 등장과 환경이 가늘이다. 특히 후계자는 주체사상을 '김일성 중심의 세계관'이고 인민 대중의 자주성을 실현하기 위한 혁명 사상'이라고 주장하고 있다. 이러한 주체사상은 '사상에서의 주체', '경제에서 자립', '국방에서의 자위', '외교에서의 자주'를 제창하여 이른바 6·8 체계화되었다.

그러나 주체사상은 '김일성주의'로 한정되어 반대파를 숙청하는 수단 및 북한 주민을 순치하고 동원하는 수단으로 이용되었다. 특히 1997년에는 김일성이 태어난 1912년을 원년으로 표기하는 '주체 연호'를 제정하였다. 이에 따라 북한의 노는 공식 문서와 출판물 등에 서기 연도 대신 주체 ○○년이라는 표기를 사용하고 있다.

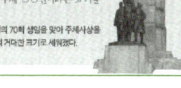

주체사상탑 1982년 김일성의 70회 생일을 맞아 주체사상을 기념하기 위해 높이 170m의 거대한 크기로 세워졌다.

---

제2부 전 희 경 (全希卿 / 자유경제원 사무총장) 139

## 9. 로동신문 사설 싣고, 자주 노선은 좋다?

천재교육 검정본. P.329

### 자주 노선을 전면에 내세운 북한

교조주의를 반대하고 주체를 확립하기 위한 투쟁은 우리 당 력사에서 중요한 자리를 차지하고 있다. …… 우리당은 현대 수정주의와 교조주의 및 종파주의를 반대하며 맑스-레닌주의의 순결성을 고수하기 위하여 투쟁할 것이다.

- 로동신문 (1966. 8. 12.) -

[도움 글] 북한은 위의 논설을 계기로 소련의 수정주의와 중국의 교조주의를 모두 비판하며 공개적으로 자주노선을 지향하였다.

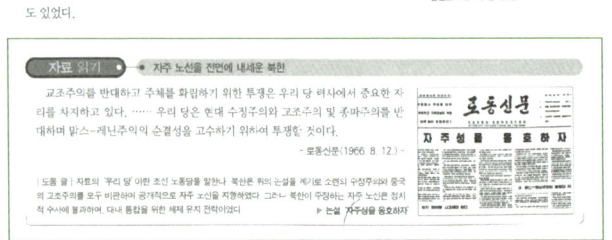

## 10. 북한 천리마 운동 찬양

두산동아 P.286

### 북한, 사회주의 경제를 건설하다

북한은 1957년부터는 새롭게 5개년 경제 계획을 실시하였다. 경제 재건을 사상 사업과 연결한 천리마 운동으로 제1차 5개년 계획은 1년 앞당겨 목표를 달성하였다.

## 11. 헬북한과 남한을 동일시?

두산동아 P.282

### 남북한 모두에게 큰 상처를 남기다

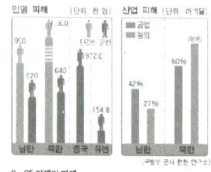

6·25 전쟁의 피해

전쟁에 따른 인명 피해는 엄청났다. 군인과 민간인을 합쳐 150여 만 명에 이르는 사망자와 300만 명이 넘는 부상자가 생겼다. 전쟁 중에 양측 군내에 의한 민간인 학살도 일어났다. 북한군은 지주와 자본가, 군인 및 경찰 가족들을 처형하고, 퇴각하면서 수많은 사식인, 정치인 등을 끌고 갔다. 국군과 경찰은 좌익 출신의 보도 연맹 소속원, 교도소 수감자 등을 처형하였다. 충북 영동의 노근리를 비롯한 여러 지역에서 많은 피난민이 미군의 총격 또는 폭격에 죽거나 다쳤다. 전선이 변할 때마다 상대방에 협조하였던 사람들을 처형하는 보복도 전개되었다.

전쟁은 동족 상호 간에 원한과 불신의 벽을 높이게 하였을 뿐아니라 1,000만 명 이상의 이산가족을 남과 북으로 갈라서게 살게 하였다. 어린이들은 거리에 시달리는 한편 부모를 잃은 고아들도 많이 생겼났다. 어린 나이에 전쟁에 참여한 소년병과 학업 중에 전쟁에 참가한 학도 의용대도 많이 희생되었다.

전쟁으로 국토는 황폐화되었고, 농사시 어려워 식량 부족 현상은 오랫동안 계속되었다. 수많은 산업 시설이 파괴되어 공업 생산량도 크게 줄어들었다.

학도 의용대 수많은 학생들이 학업 대신 전쟁터에 나가 희생되었다.

미국은 6·25 전쟁을 계기로 소련을 비롯한 공산 세력을 막는다는 명목을 내세워 북대서양 조약 기구를 강화하고 국방 예산도 대폭 늘렸다. 한국과 미국은 한·미 상호 방위 조약을 체결하여 군사 동맹을 강화하였다. 반면 일본은 전쟁을 계기로 미군에 군수 물자 보급 등을 하면서 전쟁 특수의 호황을 누리며 경제 부흥의 기반을 마련하였다. 중국은 침략자로 몰려 국제적으로 고립되었지만, 미국의 공격을 막아냈다는 사실로 공산권에서 발언권이 강화되었다.

> **생각 넓히기  6·25 전쟁, 남북한 군비 경쟁을 강화하다**
>
> 6·25 전쟁이 끝난 후 남북한 양측은 상대에게 군사적으로 위협을 느꼈다. 남북한은 군사력 경쟁을 벌이며 상대의 위협을 자신들의 권력을 강화하는 수단으로 삼았다. 군사비 경쟁은 남북한 모두 경제 발전에 걸림돌이 되었다.
>
> 전쟁으로 양측의 군대, 경찰, 정보 기관 등 국가 기구가 엄청나게 비대해졌다. 전쟁 전 10만에서 20만 명 수준이었던 남북한의 군대는 전쟁이 끝날 무렵에는 각각 100만 명 수준으로 늘어났다. 남북한은 휴전선을 사이에 두고 150만 명 이상의 정규군을 집중 배치하였으며, 군대는 남북한 정권을 지탱하는 근간이 되었다. 분단 체제가 고착화됨으로써 군대와 더불어 경찰, 정보 수사 기관도 그 역할과 기구가 더욱 확대·강화되어 남북한 시민의 인권과 민주주의를 억압하는 요인이 되었다.
>
> 정전 협정에 따라 휴전선에 설치되는 철조망

6·25전쟁이 끝난 후······남북한은 군사적 경쟁을 벌이며

상대의 위협을 자신들의 권력을 강화하는 수단으로 삼았다.……분단 체제가 고착화됨으로서 군대와 더불어 경찰, 정보 사찰 기관도 그 역할과 기구가 더욱 확대·강화되어 남북한 시민의 인권과 민주주의를 억압하는 요인이 되었다.

## 12. 대한민국 경제성장은 반(反) 국민, 외국 자본의 착취 역사?

미래엔 P.329

"노동자·농민을 차관 기업과 외국 자본의 착취에 내맡긴 경제 입국 논리는 처음부터 국민을 위한 것이 아니었다. 국민의 경제력을 키우면서 그 기반 위에 수출 산업을 육성하지 않은 것이 잘못이다."

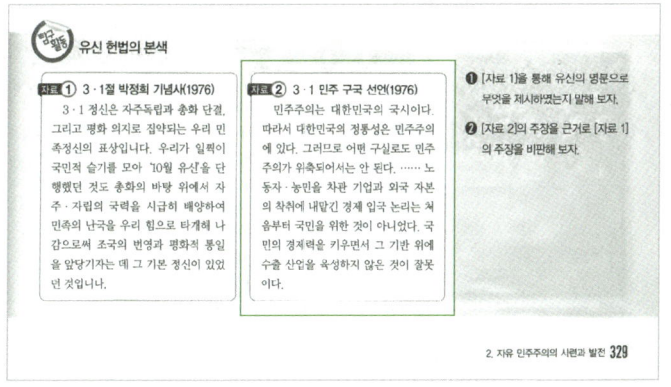

## 13. 대한민국 경제개발은 반(反) 노동자적? 정경유착?

미래엔 P.340

"고도성장의 혜택은 국민에게 골고루 돌아가지 않았다. 소득 분배가 제대로 이루어지지 않아 노동자들은 낮은 임금과 열악한 노동환경에 시달렸고, 빈부의 차이도 커졌다. 또 지역 간 개발 불균형 및 도시와 농어촌 간의 소득격차 확대도 문제였다."

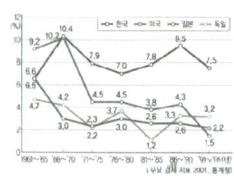

▲ 여러 나라 연평균 경제 성장률

### 경제적 고도성장을 이룩하다

우리나라가 1960~1970년대의 짧은 기간에 고도성장을 이룰 수 있었던 것은 경제 개발의 의지가 강한 정부가 외자를 도입하여 수출 산업을 적극 육성하고, 높은 교육열과 근면성을 지닌 국민이 값싼 노동력을 제공하였기 때문이다. 그 결과 1979년 1인당 국민 소득은 1,676달러로, 제1차 경제 개발 5개년 계획이 시작된 1962년 87달러에 비해 무려 19배 이상 증가하였다. 이 기간 동안 우리나라의 경제 성장률은 선진국을 비롯한 주변 국가들보다 매우 높았다. 이러한 급속한 경제 성장을 통해 가난에 시달리던 국민의 생활이 크게 윤택해졌다.

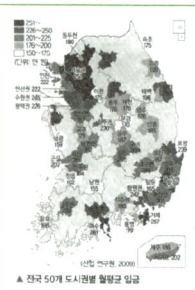

### 구조적 취약성이 심화되다

고도성장의 혜택은 국민에게 골고루 돌아가지 않았다. 소득 분배가 제대로 이루어지지 않아 노동자들은 낮은 임금과 열악한 노동 환경에 시달렸고, 빈부의 차이도 커졌다. 또 지역 간 개발 불균형 및 도시와 농어촌 간의 소득 격차 확대도 문제였다.

한편, 정부의 대기업 육성 정책은 특송 가족이 다양한 업종의 수많은 계열사를 거느린 재벌이라는 한국만의 독특한 기업 문화를 낳았다. 경제는 고도성장을 이루었지만, 정경 유착과 경제 독점 현상이 너욱 심해졌다. 그 과정에서 경쟁력이 떨어진 중소 기업은 독자적으로 성장하기 어려웠다.

외자 유치를 통한 수출 주도형 성장 정책으로 외채 부담이 증가하고 내수보다 수출인의 비중이 커져, 우리 경제의 대외 의존도가 심화되었다. 이러한 경제의 구조적 취약성은 1990년대 말에 외환 위기로 이어졌다.

▲ 전국 50개 도시별 월평균 임금

 한강의 기적, 그 원동력을 찾아서 (2)_ 기업인의 노력

## 14. 기업인은 부도덕? 일방적 매도

미래엔 P.340

…특혜 속에서 한국을 대표하는 세계적 기업이 성장할 수 있었다. …그러나 대표적인 기업인들은 각종 혜택을 악용하여 횡령과 비자금 조성을 일삼고, 세금을 포탈하거나 수출 대금을 해외로 빼돌렸다. 구속되어 실형을 선고받은 이들 기업인 대부분은 경제발전에 기여했다는 명분으로 특별 사면되었다.

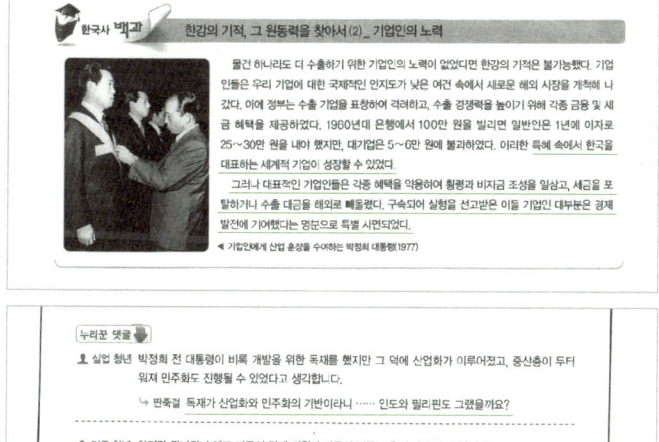

## 15. 산업화 과정을 정경유착으로 매도

천재교육 P.333

    정부주도의 성장 정책과 대규모 자본이 들어가는 중화학 공업의 특성상 재벌에 각종 특혜가 주어졌으며, 이로 인해 정경 유착의 문제가 발생하였다. 또한, 경제 성장 과정에서 소외된 노동자와 농민 등이 자신들의 요구 조건을 내걸고 적극적으로 저항하였다.

### 중화학 공업 중심의 고도성장

박정희 정부는 제3차 경제 개발 5개년 계획을 통해 수출 주도형 중화학 공업화 전략을 추진하였다. 이에 따라 석유 화학, 조선, 철강, 비철금속, 전자, 그리고 자동차를 포함한 기계 분야가 집중적으로 육성되어, 수출 비중에서 경공업 제품보다 높아졌다. 이때부터 중화학 공업은 한국 경제의 버팀목이 되었다.

그러나 정부 주도의 성장 정책과 대규모 자본이 들어가는 중화학 공업의 특성상 재벌에 각종 특혜가 주어졌으며, 이로 인해 정경 유착의 문제가 발생하였다. 또한, 경제 성장 과정에서 소외된 노동자와 농민 등이 자신들의 요구 조건을 내걸고 적극적으로 저항하였다.

한국 경제는 1973년 제1차 석유 파동으로 위기에 식면하였으나, 정부 주도 아래 중동 건설에서 막대한 외화를 벌어 들어 이를 극복할 수 있었다. 1973년에서 1979년 사이에 한국 경제는 연평균 9%대의 고도성장을 이룩하였다. 1977년 말에는 100억 달러 수출 목표를 4년 앞당겨 달성하였다.

그러나 이후 제2차 석유 파동과 중화학 공업 중복 투자에 따른 경제 불황으로 한국 경제는 다시 위기에 직면하였다. 이러한 경제 위기는 박정희 정부의 정치적 위기로까지 이어졌다.

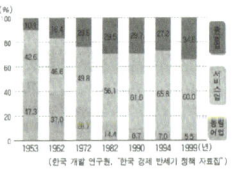

▲ 산업 구조의 변화

▲ 중동 건설 현장의 노동자들(1976) 이들은 1970년대 한국 경제의 고도성장을 이끈 주역들이었다.

# 제3부

**김 진** 金瑨 중앙일보 논설위원

**첫 번째 글**
사실만으로 역사의 수레를 밀고 가자

–

**두 번째 글**
최초의 「교과서 분석 동영상」
48분에 걸쳐 65개의 문제점을 파헤치다

**첫 번째 글**

# 사실만으로
# 역사의 수레를 밀고 가자

역사교과서 논쟁과 관련된 핵심적인 질문은 다음 3가지다.

① 도대체 얼마나 '좌편향'이길래 뜯어고쳐야 하나?

② 검정檢定으로는 고치지 못하나?

③ 국정國定은 편향을 피할 수 있나?

가장 중요한 건 ①번이다. 문제의 심각성을 알면 검정으로 고치는 게 가능할지, 어떻게 하면 국정을 제대로 만들지 알 수 있다.

고등학교 한국사 8종 가운데 대표적으로 나는 채택율 1위(33%) 교과서를 분석해보았다. 학생 3명 중 1명이 읽는 책이다. 현대사를 다룬 60페이지 분량에서 모두 65개 문제점을 발견했다. 대부분 좌편향 서술이나 편집이다. 나는 지난달

29일 중앙일보 인터넷 방송 「직격 인터뷰」 코너에서 이를 설명했다. 일일이 밑줄을 쳐가면서 왜 문제인지를 말했다.

한국의 현대사에는 두 가지 줄기가 있다.

하나는 불가피성의 흐름이다. 건국과 호국護國, 그리고 반공·산업화·근대화 과정에서 현실적인 이유 때문에 어쩔 수 없이 이상理想적인 가치를 포기한 것이다.

해방 후 김구金九의 '남북 합작 정부' 운동을 제치고 이승만李承晩이 남한 단독 정부를 성사시킨 것, 미 군정과 우익세력이 좌익·공산세력과 싸우기 위해 일부 친일파를 등용한 것, 국가의 근대화 역량이 성숙하지 않은 상태에서 일부 군인이 5·16 쿠데타를 일으켜 근대화 작업에 뛰어든 것, 수출입국·경제성장·반공反共생존을 위해 자유를 구속하고 노동자의 희생을 감수한 것 등이다.

이에 맞서는 또 다른 흐름은 자유·인권·민주화를 위한 투쟁이다. 1960년 부정선거 독재정권을 무너뜨린 4·19혁명, 신군부의 강압에 피로써 항거했던 5·18 민주화운동, 그리고 민주화를 완성시킨 1987년 6월 시민항쟁 등이다.

올바른 교과서라면 두 흐름을 균형 있게 배치해야 할 것이다. 그런데 내가 분석한 '채택율 1위 교과서'는 한쪽으로 기울었다. 민주화 흐름은 크게 부각하면서 '불가피성'은 제대로 다루질 않았다. 이 책만 보면 별다른 사정이 없는데도 이 나라가 이상理想의 길을 봉쇄한 것으로 된다. 불가피하지도 않은데 남북 통일정부를 포기하고, 친일파를 중용했으며, 쿠데타를 일으키고, 노동자 인권과 시민의 자유를 제한한 것이 된다.

광복 70년을 맞아 한국갤럽은 지난 7~8월 6일 동안 성인 2003명을 대상으로 여론조사를 실시했다.「나라를 가장 잘 이끈 대통령」항목에서 압도적인 비율(44%)로 박정희가 1위다. 2위 노무현(24%), 3위는 김대중(14%)이다. 사망한지 36년이나 지났다면 박정희에 대한 이런 평가는 거의 굳어진 것이라 할 수 있다.

그런데 '채택율 1위 교과서'는 이런 국민의 평가와는 정반대다. 박정희의 불가피한 개발독재·반공은 작게 쪼그라들었다. 반면 김대중·노무현의 민주화·남북화해는 크게 부풀려졌다. 박정희 사진은 1개 인데 김대중 사진은 3개다.

기운 것은 북한에 대해서도 마찬가지다. 남한에게 북한은 대화와 교류의 상대다. 하지만 동시에 테러·도발·핵개발로 남한의 생존을 위협하는 존재다. 올바른 교과서라면 두 측면을 나란히 기록해야 한다. 그래야만 학생들이 안보 경계심을 갖는다.

그런데 교과서는 심하게 좌편향이다. 남북정상회담 같은 것은 요란하게 부각시킨다. 반면 도끼만행·아웅산·여객기폭파·천안함 같은 테러는 거의 없다. 그동안 북한이 얼마나 처절한 '피의 송곳'을 꽂았는지 책만 보면 학생들은 알 수 없다.

평가의 저울에 달아보면 이 교과서는 전체적으로 김대중·노무현 교과서다. 그렇다고 이승만·박정희 교과서로 바꾸자는 게 아니다. 반쪽짜리 애꾸눈 교과서가 아니라 당당한 대한민국 교과서를 만들자는 것이다.

물론 이 '채택율 1위 교과서'에 대해 나와 생각이 다른 이가 많을 것이다. 교과서에 별 문제가 없으며 설사 문제가 있어도 검정으로 고칠 수 있다고 그들은 주장한다. 그래서 나는 '10시간 TV생중계 대토론회'를 제안한다. 모든 시각을 대표하는 이들이 모여 국민이 지켜보는 토론회를 열자.

여야 정치인, 교과서 집필진, 검정했던 전문가, 출판사 사장들, 시민단체 지도자, 역사학자들이 모여 모든 걸 얘기해보자. TV카메라로 교과서를 생생히 보여주면서 핵심 쟁점을 논의해보자.

그러면 많은 국민이 문제에 대한 해답을 얻을 수 있을 것이다. 역사를 움직이는 건 사실事實·fact에 대한 실증적인 토론이다. 지식인들이 교과서 내용이라는 사실은 제쳐두고 책상에 앉아 관념만을 얘기하면 사태는 더 혼란스러워진다. 세 치 혀는 잠시 쉬게 하고 사실로 하여금 역사의 수레를 밀고 가게 하자.

2015년 11월4일자 중앙일보 '중앙시평' 칼럼

**두 번째 글**

## 최초의「교과서 분석 동영상」
## 48분에 걸쳐 65개의 문제점을 파헤치다
- 동영상은 중앙일보와 유튜브에서 확인할수 있습니다.

  2015년 10월29일 오후 2시에 방영된 중앙일보 인터넷 방송 '직격 인터뷰' 코너에서는 김진 중앙일보 논설위원이 출연해 고등학교 검정 역사교과서 1종을 집중 분석했다. 검정교과서 8종 중에서 가장 많이 채택(점유율 33%)된 미래엔 출판서 교과서다.

  '좌편향'이라는 비판을 받고 있는 검정 교과서들을 분석한 신문기사나 책은 여럿 있다. 하지만 이런 형태의 동영상은 처음 시도된 것으로 알려지고 있다. 김 위원은 이 교과서의 현대사 부분 60페이지를 48분 동안 분석했다. 그는 "분석 결과 65군데의 문제점을 발견했다"고 말했다. 아래는 김 위원이 강조한 핵심 주장이다.

"한국 현대사에는 두 가지 커다란 줄기가 있다. 하나는 불가피성의 흐름이다. 당시의 상황에서는 불가피한 논란적 선택을 했지만 훗날 좋은 결과를 가져온 것이다. 예를 들어 이승만 박사가 남한만의 단독정부를 밀어붙인 것, 이승만 대통령이 반공포로를 석방하고 강력한 한미동맹을 구축한 것, 박정희 장군이 5.16 쿠데타를 일으킨 것, 박정희 대통령이 개발독재를 통해 자유와 인권을 제한하면서 국가의 총력동원 체제를 통해 고도성장과 근대화를 이룩한 것, 북한의 안보위협 속에서 엄격한 반공정책을 취한 것 등이다. 다른 흐름은 국민의 저항과 민주화 투쟁 노선이다. 대표적으로 4.19 혁명과 5.18 민주화 운동 그리고 6월 시민항쟁이다.

북한에 대해서도 두 가지 흐름이 있다. 남북 화해와 교류가 하나다. 다른 하나는 북한의 도발과 테러, 핵과 미사일 개발에 엄정히 대처하는 것이다. 이런 두 가지 흐름을 균형 있게 기술해야 올바른 교과서라고 할 수 있다. 그런데 내가 분석한 교과서는 한쪽 흐름은 크게 부각시키고 다른 흐름은 크게 축소하거나 생략했다. 불가피성은 축소하고 민주화만 크게 키웠으며 북한의 위협은 심각할 정도로 간과했다. 그렇기 때문에 좌편향이라는 것이다. 이런 책을 읽으면 대한민국의 현대사에 부정적인 인식을 가질 위험이 있다.

48분이라는 동영상 시간이 길게 느껴질 수 있다. 그러나 자라나는 청소년들이 얼마나 편향된 역사책을 읽고 있는가를 알기에는 오히려 부족한 시간이다. 이 동영상을 통해 시청자 여러분이 역사교과서 문제의 심각성을 성찰하기를 바란다."

## 주요 분석 내용

***색깔 표시**된 글씨는 교과서에 실린 내용

목차Ⅵ. 대한민국의 발전과 현대 세계의 평화

→ 불균형적 편집

"이 페이지는 현대사를 다루는 장의 첫 페이지로써 현대사에서 중요한 사건 또는 인물의 사진을 배열했습니다. 전부 8장이 있는데 역대 대통령 10명 중에서 유일하게 김대중 대통령만 크게 부각이 되어 있습니다. 한국전쟁·북한의 남침·88올림픽·산업화와 근대화 대통령인 박정희 대통령과 같이 현대사에서 영향을 미친 사건들이 균형 있게 배열이 되어야 합니다."

이에 앞서 한국에서도 6.25전쟁이 발발하였다(1950)

"한국전쟁에 대한 기술을 할 때는 이 자라나는 중고등학생들이 배우는 역사책이기 때문에 북한의 남침으로 전쟁이 발발했다는 것을 꼭 빠짐없이 기술해야 합니다."

> 미군정은 한국에 대한 사전지식과 준비가 부족한 상태에서 직접 통치…(중략)…소군정은 인민 위원회의 자치를 인정하는 간접 통치방식을 취하였다.…(중략)…국내 신문이 신탁통치만을 강조한 보도를 내면서…(생략)

"내력은 제대로 소개되지 않고 결과만 소개해서, '소련은 한국인들의 의사를 반영해서 간접통치를 했고, 미국은 한국인들의 의사와 반해서 직접통치를 했다'는 식의 뉘앙스로 묘사가 되어있습니다."

> 국내 신문이 신탁통치만을 강조한 보도를 내면서…(중략)…그러나 이승만과 한국민주당 등 우익은 좌익과의 합작 자체를 거부하였다.

"굳이 강대국들의 신탁통치에 반대했던 이승만을 비롯한 우익인사들, 해방공간에서 반탁운동을 주도했던 우익세력에 대해서 비우호적으로 묘사가 되어있습니다. 해방공간에서 이승만 대통령은 소련이 북한에 단독정부를 세우려고 하는 음모를 일찍이 간파해서 결코 북한에 끌려 다니지 않는 노선을 취했습니다."

그러나 이승만과 한국 민주당 등 우익은 좌익과의 협조 자체를 거부하였다.

"이승만과 우익이 어떤 화합과 대화의 노선보다는 단독으로 움직여서 합작정부의 어떤 가능성을 무산시켰다는 뉘앙스로 부정적으로 묘사되고 있습니다. 해방공간에 대해 여러 가지 사건을 묘사하면서 좌익 공산주의 세력이 남한의 단독정부 수립을 막기 위해서 1946년에 벌였던 아주 끔찍한 사회혼란(1946년에 있었던 대구 공산주의자들의 폭동), 좌익의 총파업 투쟁 등과 난동 폭동 등에 관한 역사적인 기술은 하나도 기술되어 있지 않습니다."

10·19사건을 진압하는 과정에서 국가 공권력에 의한 민간인 학살도 일어났다…(중략)…무장대가 봉기

"10월 19일 사건을 묘사할 때는 사건의 동기가 '좌익 무장 세력이 폭동을 일으켜서 경찰관서를 습격하여 한국의 경

찰들을 죽이고 경찰 가족들을 살해하고, 우익인사들을 대대적으로 탄압했다'는 부분이 분명하게 명시가 돼야 합니다. 그래야 이 사건이 좌익세력의 난동이고, 진압하는 과정에서 군경이 무고한 양민을 학살하는 일도 있었다는 두 가지 사실을 병행적으로 설명할 수 있습니다. '무장봉기'라고 하는 것은 5·18 민주화운동처럼 잘못된 권력에 항거하는 뉘앙스를 가질 수 있습니다. 따라서 동기부분이 명시가 되어야 합니다."

> 미군정은 민족반역자를 청산하려는 요구를 외면하고 오히려 친일세력을 비호하였다.

→ 불가피한 사정 누락

> 남북 합작 통일 정부 수립에 적극적인 인물과 정당은?
> 반민족 행위자 청산에 소극적인 인물과 정당은?
> 미군정은 민족반역자를 청산하려는 요구를 외면하고 오히려 친일세력을 비호하였다.

"해방공간에서의 좌익 세력, 공산화 세력의 준동을 막고, 미국식 자유민주주의를 바탕으로 대한민국을 건설해야 하는 불가피한 사정에서 일제 강점기 때 중용되었던 경찰이나 고위 관리들의 협조가 일부분 불가피했다는 점은 전혀 언급이 되어있지 않습니다."

> 가상 포스터 코너-만약에 대통령선거에 이 여섯 사람들이 출마했다면 어떻게 되었을까?
> (순서: 김구-김규식-김성수-박헌영-여운형-이승만 순)

"이승만 대통령은 비록 독재를 해서 국민들을 실망에 빠트리고 어려움을 끼쳤지만, 어쨌거나 임시정부의 대통령을 하고 건국 대통령 아닙니까. 역사적인 비중으로 봐서 1번에 이승만 후보가 가야하는 것이 아닙니까? 그런데 떡하니 남로당 공산주의 세력의 박헌영, 좌파 인사 여운형 후보를 앞에 두었습니다. 그리고 '남북 합작 통일 정부 수립에 적극적인 인물과 정당은?', '반민족 행위자 청산에 소극적인 인물과 정당은?'이라고 묻습니다. 이 질문만을 놓고 보면 건국 대통령인 이승만의 대한민국 건국 작업에 대한 평가는 대단히 부정적으로 나올 수밖에 없습니다. 이런 질문 자체가 잘못됐고 가상 포스터의 순서 배열(가나다 순)도 문제가 많습니다."

한국전쟁-유엔군의 참전을 결의하였다…(중략)…'북한군의 전
투명령'…(생략)

→ 트루먼 대통령의 참전 결의·유엔군 활동 필요·미군 전사자 묘지

"미국 트루먼 대통령이 공산주의자들의 침략을 단호히 신속하게 격퇴하기 위해서 미군을 비롯한 유엔군의 참전을 결의한 부분, 16개국의 유엔군이 결성이 되어서 수많은 유엔군들이 사상하였고 특히 미군은 3만5천명이 이 전쟁에서 피를 흘린 사실, 그리고 그런 유엔군들의 전사자들이 부산에 있는 유엔묘지에 안장되어 있다는 사실과 같이 중요한 내용들이 하나도 없습니다. 우리 청소년들이 반드시 알아야 하며 은혜의 인식을 갖도록 하는 중요한 사실들이 다 빠져있습니다. 유엔군의 국가, 활동 상황, 그들이 주도한 인천상륙작전의 자세한 내용, 그들의 희생과 같은 점은 하나도 언급되어 있지 않은데, 북한군의 전투명령 문서와 같은 것을 고등학생들이 왜 알아야 합니까?"

반공포로를 일방적으로 석방하여 회담이 지연되기도 하였다.

"이 부분은 해석하기에 따라서 부정적인 의미로 받아들

여지게끔 기술되어 있습니다. 이승만 대통령의 반공포로 석방은, 미국이 이승만 대통령의 눈치를 보면서 이승만 대통령이 원하는 휴전 조건에 맞춰서 따라갈 수밖에 없었잖습니까? 대통령의 애국적이고 신속하고 효율적인, 결과적으로 남한의 이익에 부합했던 결정을 이런 식으로 문제가 있는 것처럼 해석하고 있습니다."

> 6·25전쟁은 무력으로 남북한이 하나가 될 수 없다는 값비싼 교훈을 남겼다…(중략)…미군이 한국에 계속 주둔하였다. 그 결과 한국과 동북아시아에서 미국의 영향력은 한층 강화되었다.

"우선 전쟁보다는 평화를 강조하는 것은 이해할 수 있는 대목이지만 상당한 오해를 부를 수 있는 표현입니다. 필요할 때는 국가나 국민이 전쟁을 각오할 수 있어야 합니다. 또, 통일이 왜 좌절됐습니까? 마오쩌둥이 중국군의 참전만 지시하지 않았더라면 압록강까지 북진한 연합군이 우리민족의 숙원인 통일을 북진 통일로 완수할 수 있었잖습니까? 중국군의 참전으로 인해서 무산된 것을 이처럼 기술한 것은 인류사의 가치에 대해 잘못된 생각을 갖게 할 수 있는 오해가 생길 수 있는 표현입니다."

"한미상호방위조약에 의해 이승만 대통령과 한국정부가 요구해서 미군이 한국에 계속 주둔하였고, 그 결과 지금까지 미군의 주둔으로 인해서 북한의 적화 야욕을 많이 분쇄하고 남한이 전쟁 대비 비용을 아껴가며 경제발전에 치중할 수 있었던 긍정적인 부분에 관한 묘사는 없습니다. 한국과 동북아에서 미군의 영향력은 한층 강화되었다고 해서 다소 미군의 한국 주둔에 대해서 문제가 있는 부분만을 부각시켰습니다. 이런 점은 특별한 근거 없이 반미의식을 심어줄 수 있습니다."

전쟁 중 발생한 민간인 희생에 대해 정부가 배상해야 하는 까닭은 무엇일까?

→ 국군포로, 이산가족 비극 등은 누락됨

"거창 양민 학살사건이라는 6·25전쟁 중에 있었던 한국군에 의한 민간인 학살사건에 관해서 크게 묘사하고 있습니다. 국군에 의한 민간인 학살사건을 다루는 것은 필요합니다. 하지만 이와 비슷한 비중으로 묘사돼야 할, 북한이 끌고 가 지금까지도 생활이 어렵고 대대로 비극적인 삶을 살고 있는 남한의 국군포로 문제, 북한의 6·25 남침전쟁으로 인해 발생한 이산가족의 비극은 빠져있습니다. 국군에 대해 부정적 인식을 심어줄 수 있는 부분만 다뤄지고 있습니다."

> 빌리 브란트 서독 총리(재임:1969~1974)는 평화 통일의 기반을 형성하는 데 주력하였다. 동유럽 사회주의 국가와 화해·협력을 도모하는 동방 정책을 펼치면서, 동·서독 주민의 상호 방문과 교역을 확대하는 등 활발한 교류 정책을 추진하였다.

→ 햇볕정책 일방적 강조

"이 내용만 들여다보면 북한에 대해 일방적인 대북 지원 정책이 중요한 것으로 비춰질 수 있습니다. 그것만이 가장 효과적 정책으로 오해가 될 수 있는데, 서독은 빌리브란트가 동방 정책을 하기 전에 벌써 1961년에 중앙기록보전소라는 것을 만들어서 동독 정권의 인권탄압을 전부 다 기록 해놨습니다. 통일된 이후에 '인권탄압에 핵심적인 책임이 있는 사람들을 법정에 세웠다'는 부분을 언급하지 않고 있습니다."

> 무상 원조, 세상에 공짜는 없다,
> 이러한 과정에서 한국은 미국이 무기와 농산물을 수출하는 주

요 시장으로 자리 잡게 되었다.

→ 유엔 한국재건단 등 미국 주도 한국 지원 누락

"무상 원조에 대해 그런 공과功過, 양지와 음지의 평가를 제공하는 것은 좋습니다. 그러나 여러 가지 미국이 주도한 국제사회의 한국 지원 등을 통해 우리가 전쟁의 잿더미에서 하루 빨리 일어나서 한강의 기적을 만들 수 있는 중요한 밑거름이 됐는데, 이러한 부분에 대한 기술은 하나도 없습니다."

5·16군사정변, 5·16쿠데타에 대한 서술
4·19혁명 이후 이어진 민간 차원의 평화 통일 운동과 장면 내각의 군비 축소계획에 대해 일부 군인은 불만을 품고 있었다.

"5·16 군사쿠데타의 주요한 동기는 극심한 사회혼란·작년 민간 정권의 비효율·사회적으로 북한에 대해 이완된 반공의식과 같은 것이 쿠데타의 주요한 동기가 됐습니다. 그런 것들을 위주로 묘사해야 5·16 군사 쿠데타가 형식적으로는 불법이어도, 군인들이 그런 동기를 가졌다고 하는 것에 대해 묘사가 될 것입니다."

6·3 시위를 억압하고 한일 협정을 체결하다.

한국군에 의해 많은 베트남 양민이 희생되었으며, 한국인 혼혈인(라이따이한)이 남겨졌다.

→ 부정적 묘사

"역사적으로 언급된 객관적인 사례로 묘사가 되는 게 아니라, 뭉뚱그려서 묘사가 됨으로써 국군에 대한 청소년들이 가지는 이미지에 부정적인 영향을 줄 수 있습니다."

1968년 1월 북한 특수 부대가 청와대 부근까지 침입하였고, 미국 첩보함 푸에블로호가 동해에서 북한에 나포되었다. 연말에는 무장 공비 120여 명이 울진·삼척 지역에 출몰하였다.

→ 북한 테러 누락, 개발 독재론 누락

"확실하지 않은 객관적인 사료가 생략되고 묘사되면서 완벽한 객관적인 사실과, 증거 자료로 남아있는 북한의 테러(아웅산 테러, KAL기 폭파, 천안함 폭침, 울진·삼척 양민 학살 사건 등)에 관한 이야기는 하나도 없습니다."

동백림 간첩단 사건- 유럽에서 평화 통일 운동을 하던 작곡가 윤이상, 화가 이응노 등을 간첩으로 체포하여 국내로 압송한 것이다. 그러나 시인 천상병을 장애인으로 만들 정도로 고문 수사를 벌였지만, 이들의 간첩 혐의는 구체적으로 입증되지 않았다.

"윤이상 씨를 희생자로만 묘사를 하고 있는데, 윤이상 씨가 평양의 김일성에게 초대를 받아 좋은 집에서 살고 여러 가지 물질적, 재정적 지원을 받았다는 부분은 하나도 들어 있지 않습니다."

영구 집권을 꾀한 유신 체제-유신 체제는 박정희의 종신 집권을 위해 민주주의를 기만한 독재 체제였다.

"전반적으로 박정희 대통령의 유신체제에 대한 설명도 아주 부정적 측면만을 강조하고 있습니다. 유신의 개발 독재, 경제 성장을 위한 불가피성에 관한 언급은 하나도 없고, 그저 개인의 장기 집권욕에 의해 빚어진 독재 체제인양 묘사를 하고 있습니다."

전두환 대통령에 관한 사진

"전두환 대통령에 관한 사진은 노태우 대통령과 함께 법정에 선 사진 밖에 없습니다. 그래도 한국에 7년간 대통령이고, 6·29 선언 등 공과功過가 평가돼야 할 대통령의 사진이 하나도 없습니다."

6월 민주 항쟁-탁하고 치니 억하고 죽었다
1987년 1월 경찰은 한 청년의 죽음을 이렇게 발표하였다. 그 청년의 이름은 박종철이었다. 국민은 청년의 목숨을 앗아 간 야만적 고문과 이를 은폐하려는 경찰의 태도에 분노하였다. 또한, 민주화 요구를 폭력과 살인으로 억압하는 전두환 정권에 분노하였다. 그리고 이 분노는 평화적 민주화 운동의 열기로 승화되었다. 당시 국민의 희망인 고문 없는 세상에 살기 위해서 어떤 노력이 전개되었을까?

→ 상대적 경제 성장-근대화 누락

전두환 정부, 국민 저항에 직면하다-비정상적인 방법으로 정권을 장악한 전두환 정부는 야간 통행금지 폐지, 두발과 교복 자율화, 프로 야구단 창단 등의 유화 정책을 폈다 그러나 친인척 비리…(생략)

→ 다른 대통령 사례는 생략

국민의 승리, 6월 민주 항쟁-언론이 진실을 외면할 때, 천주교 정의구현사제단은…(중략)…분노한 국민은 민주헌법 쟁취 국민운동본부를 결성하여 직선제 개헌과 고문 살인 정권의 퇴진을 요구하였다.

"우리나라 70년대, 80년대 상황이라고 하는 것은 민주화 투쟁의 축과 경제 성장과 근대화라는 두 개의 축이 있습니다. 그러나 경제 성장과 근대화에 대한 축은 대폭 축소가 돼 있습니다. 박종철 군이 고문으로 죽었지만, 그렇다고 정권을 '고문 살인 정권'이라고 표현하는 것은 청소년들의 가치 인식에 영향을 줄 수 있는 상당히 위험하고 도발적 역사적 서술입니다."

최초로 평화적 정권 교체를 이룩하다(김대중 전 대통령)

→ 틀린 사실

한편, 김대중 정부는 남북 관계 개선을 위한 대북 화해 협력 정책을 적극 추진하였다. 분단 이후 처음으로 남북 정상 회담을

개최하여 6·15 남북공동선언을 이끌어 냈다(2000). 그해 김대중 대통령은 …(생략)

→ 미화

"김대중 대통령이 최초로 평화적 정권 교체를 이룩했다고 묘사가 돼 있는데 이것은 역사적으로 틀린 사실입니다. 최초로 평화적 정권 교체를 이룩한 대통령은 노태우 대통령입니다. 두 번째가 김영삼 대통령이고, 김대중 대통령이 세 번째입니다."

(노무현 대통령에 대한 평가)권위주의를 탈피한 서민 대통령…(중략)…또, 공약으로 내세웠던 국가 보안법 폐지와 사립 학교법 개정이 좌절되었고, 국회를 통과한 행정 수도 건설 특별법은…(생략)

→ 일방적인 미화

"노무현 대통령이 했던 여러 가지 부정적인 과오들과 친인척 비리에 대한 언급은 하나도 없습니다. 박정희 대통령, 이승만 대통령에 대해서는 그런 식으로 부정적 부분만 확

대·묘사를 하면서, 노무현 대통령과 김대중 대통령에 대해
선 거의 일방적인 미화라고 분류되고 있을 만한 표현을 내
놓고 있습니다. 평가가 이르다면, 아예 다루질 말아야죠."

> 한강의 기적, 그 원동력을 찾아서 (2) 기업인의 노력-…(중
> 략)…그러나 대표적인 기업인들은 각종 혜택을 악용하여 횡령과
> 비자금 조성을 일삼고, 세금을 포탈하거나 수출 대금을 해외로
> 빼돌렸다. 구속되어 실형을 선고받은 이들 기업인 대부분은 경제
> 발전에 기여했다는 명분으로 특별 사면되었다.

→ 대통령 정부 누락

"60년대, 70년대의 고도 성장기 개발독재 이런 과정에서
대기업들의 역할을 상당히 부정적으로 묘사하는 기술이 많
습니다. 이병철 또는 정주영 회장 같은 대기업가가 한국의
근대화와 고도성장에서 어떤 중요한 역할을 했는지에 관해
서는 하나도 없습니다."

> 신자유주의와 한국 경제(그림)

→ 부정적 묘사

"악마나 부정적 이미지를 가진 만화가 결국 이런 기구들을 조종하는 것 같은 상당히 위험하고 도발적인, 부정적인 만평을 게재하고 있습니다. 국제 금융기구들의 긍정적 역할, 세계의 경제 위기를 타개하는데 도움을 주는 부분에 관해 이런 식의 묘사는 잘못된 일방적 부정적 인식을 가질 수 있습니다."

가난한 집 맏아들(만화)

→ 대기업 부정적 묘사

"대기업 재벌의 긍정적 기여 부분은 다 빼놓고, 그저 중소기업이나 약자들에게 불리한 행동을 하는 그런 존재로만 묘사가 돼있습니다."

산업화에 따른 변화와 그 문제점

→ 부정적 치중

"산업화에 대한 부정적인 면에 치중하고 있다는 점, 사실은 저임금 이런 문제들을 강조하고 있는데 국가가 개발 도상 과정에서 특정한 시기에는 불가피하게 인권을 제약하고 임금을 내리눌러서 저임금 정책을 펴야만 수출이 가능하고, 산업화 이런 것들이 가능하다는 것을 중국이 보여주고 있지 않습니까? 박정희 대통령이 1970년대에 썼던 고도성장·수출입국·경제성장 전략도 사실은 노동자의 희생을 바탕으로 한 것이죠. 하지만 박정희 대통령은 그래도 수출자유지역에 가서 여공들을 격려하고, 여공들을 위한 야간학교를 세웠습니다. 결과적으로 저임금 정책이 불가피했다는 점을 인정한다면 학생들이 1970년대에 대해 균형 있게 배울 수 있습니다."

> 1970년대 통제와 억압의 사회상- 장발과 미니스커트 단속… 국민의 일상에 더한 통제와 억압 속에는 정권의 안정을 통해 장기 독재를 추구하려는 의도가 내포되어 있었다.

→ 불가피성 누락

"장발과 미니스커트 단속하고, 가정의례준칙을 만들어서 검소한 생활을 장려하고 했던 불가피성에 대한 이해는 전혀 들어있지 않습니다."

북한의 변화와 평화통일- 핵 개발과 미사일 시험 등 도발 행위로 국제 사회의 각종 제재가 가해지면서, 경제 상황은 호전될 기미를 보이지 않고 있다.

→ 남침·땅굴 테러·안보위기 누락

"북한은 화해와 협력의 대상이자 끊임없이 남한을 적화통일하려고 했던 안보위협의 존재입니다. 이 교과서의 중요한 문제점은 한 쪽으로 많이 편중이 돼있습니다. 위협적인 존재에 관한 묘사와 비중은 상대적으로 대단히 낮고, 북한과 화해 협력을 하는 김대중·노무현 대통령의 햇볕정책만이 가치 있는 것처럼 묘사 돼있습니다. 가장 최근의 천안함 폭침도 들어있지 않습니다."

남북 기본 합의서, 평화 정착을 모색하다- 문익환 목사와 대학생 임수경 등이 북한을 방문했지만 노태우 정부는 국가보안법을 적용하여 구속하였다.

→ 임수경 편파적 묘사

"당시의 기준으로 봤을 때, 이것이 현행법을 위반한 것이며 정부의 통일정책에 영향을 줬던 잘못된 일이라는 점, 무엇보다도 법 질서를 존중하는 것이 중요하다는 점을 강조를 해야 되는데, 그런 부분들이 빠져있습니다."

> 두 차례 남북 정상회담을 개최하다- 평양에서 최초로 남북 정상회담이 개최되어(2000) 6·15 남북 공동 선언이 채택된 결과…(중략)…서해상에서 한·미 합동 해상 훈련을 전개하는 도중, 북한이 연평도에 포격을 가하면서(2010) 남북관계는 더욱 경색되었다.

→ 진실 누락, 천안함 폭침·핵 개발 누락

"김대중, 김정일 남북 정상회담에 관한 사진은 두 번이나 게재하고 있습니다. 북한의 테러, 천안함 폭침·아웅산·KAL기 테러·판문점 도끼 만행 사건 등에 대한 사진과 기술은 하나도 없습니다."

> 사진과 그래프로 보는 남북 교류(그래픽)

"자세하게 묘사하려면 북한의 테러와 도발에 대한 그래픽도 같이 표현해줘야 균형 있는 교과서가 되는 것 아니겠습니까."

### 현대사 사건 사진첩 만들기- 사진으로 보는 4·19혁명(사진)

 "학생들이 현대사를 평가하는 사진첩을 만들어보자는 제안을 하는데, 이승만 정권을 뒤엎었던 4.19 학생혁명에 관한 사진들만 쭉 예시를 해놓고 있습니다. 이것은 현대사에 하나의 줄기입니다. 또 다른 줄기에는 우리나라의 고도성장과 근대화 노력·개발 독재·북한에 대한 엄격한 반공 정책과 같은 것도 하나의 중요한 축입니다. 이 일부 편향된 사진첩만 우리 학생들, 아들딸이 들고 다니는 것을 여러분은 바라십니까?"

[정리 김하온 기자 kim.haon@joongang.co.kr·홍준영 인턴기자
　촬영 이진우·안지은·김상호]
[출처 중앙일보 직격 인터뷰 24회, 김진 중앙일보 논설위원의 '채택율 1위 검정 역사 교과서' 문제점 분석]
　　http://news.joins.com/article/18965835

## 집필자 약력

### 김철홍(金喆弘)

서울대학교 사회학과(B.A.)
장로회신학대학원(M.Div.)
Union Theological Seminary in New York(S. T. M. in Ecumenics)
Fuller Theological Seminary(Th. M. in New Testament)
Fuller Theological Seminary(Ph. D. in New Testament)
(현재) 장로회신학대학교 신약학과 부교수,
한국복음주의신약학회 회장, 서울교회 협동목사

### 전희경(全希卿)

이화여대 사회과학대학 행정학과, 대학원 행정학과 졸업
KDI School 경제정책과정 수료
바른사회시민회의 정책실장
고용노동부 '노동민원행정 옴부즈만' 위원
한국경제연구원 사회통합센터 정책팀장
(현재) 자유경제원 사무총장

### 김 진(金瑨)

코리아타임스 기자
중앙일보 정치부 기자, 워싱턴 특파원 역임
한국기자협회 기자상 등 수상
「대한민국의 비명」 등 저서 다수
(현재) 중앙일보 논설위원

교과서를 배회하는
**마르크스의 유령**
보수아이콘 세 지성의 '역사 전쟁' 긴급 발언

1판 1쇄 발행일 2015년 12월 1일
1판 2쇄 인쇄일 2015년 12월 10일

| | |
|---|---|
| 지은이 | 김철홍·전희경·김진 |
| 펴낸이 | 안병훈 |
| 펴낸곳 | 도서출판 기파랑 |
| 디자인 | 커뮤니케이션 울력 |
| 등 록 | 2004년 12월 27일 제300-2004-204호 |
| 주 소 | 서울특별시 종로구 대학로8가길 56(동숭동 1-49) 동숭빌딩 301호 |
| 전 화 | 02-763-8996(편집부) 02-3288-0077(영업마케팅부) |
| 팩 스 | 02-763-8936 |
| 이메일 | info@guiparang.com |

ⓒ 김철홍·전희경·김진, 2015

ISBN 978-89-6523-850-8 03500